A ARTE DA GUERRA

POR UMA ESTRATÉGIA PERFEITA

Sun Tzu

A ARTE DA GUERRA

POR UMA ESTRATÉGIA PERFEITA

Tradução:
Heloisa Sarzana Pugliesi
Dr. Márcio Pugliesi

MADRAS®

Traduzido originalmente do inglês sob o título *The Art of War*

Editor:
Wagner Veneziani Costa

Produção e Capa:
Equipe Técnica Madras

Tradução:
Heloisa Sarzana Pugliesi
Márcio Pugliesi

Copidesque:
Orlando França

Revisão:
Maria de Fátima C.A. Madeira
Alessandra Miranda de Sá
Augusto do Nascimento
Arlete Genari

CIP-BRASIL. CATALOGAÇÃO-NA-FONTE
SINDICATO NACIONAL DOS EDITORES DE LIVRO, RJ

S955a
Sun-Tzu
A arte da guerra: por uma estratégia perfeita / Sun Tzu ; tradução Heloisa Sarzana Publiesi, Márcio Pugliesi. - São Paulo:
Madras, 2011.
Tradução de: The art of war
ISBN 978-85-370-0194-3
1. Ciência militar - Obras anteriores a 1800. I. Título.
07-0353. CDD: 355.02
CDU:
355.01
01.02.07 02.02.07 000287

MADRAS EDITORA LTDA.
Rua Paulo Gonçalves, 88 – Santana
CEP: 02403-020 – São Paulo/SP
Caixa Postal 12183 – CEP: 02013-970–SP
Tel.: (11) 2281-5555 – Fax: (11) 2959-3090
www.madras.com.br

ÍNDICE

PREFÁCIO

Historiadores e comentaristas antigos e contemporâneos referem-se ao general e mestre Sun Tzu como um dos homens mais versados na arte militar e, até, na difícil técnica de bem dispor dos recursos para fazer face às dificuldades.

Entretanto, é certo que a utilidade das teses desse lendário filósofo-estrategista extrapola a arte bélica, podendo repercutir nas realizações de todas as pessoas em geral: homens e mulheres, civis e militares, empregados e patrões, parlamentares e eleitores, professores e estudantes, ricos e pobres, religiosos e ateus encontrarão nos escritos de Sun Tzu indicações eficazes para situações de conflito.

Hoje em dia, vivemos em meio a um permanente exercício bélico de razões e contrarrazões. O consenso pregado por Habermas parece negado pelas evidências do tempo: para estar em guerra, basta ter nascido. Guerra social, cultural, econômica, religiosa, política, científica, filosófica, etc. são elementos permanentes de nosso cotidiano. Nem mesmo os bravos e fortes parecem ser exaltados...

Ninguém deseja ser um perdedor, todos querem o sucesso, o êxito e, assim, parecem ter muito a aprender com Sun Tzu, que busca nos ensinar como vencer todas as batalhas.

Nestes tempos de globalização, as guerras são travadas, principalmente, no campo das ideias, nas mais diferentes áreas de atividade humana, e os grandes vencedores não disparam um tiro sequer. Isto vem ao encontro da pregação de Sun Tzu, quando nos ensina que o supremo mérito do vencedor consiste em quebrar a resistência do inimigo sem a necessidade de se empreender a luta armada.

O tratado delineado por Sun Tzu, tido como um dos mais antigos do gênero no mundo, é, por exemplo, largamente apreciado, há séculos, entre os militares russos. O texto teria sido ainda a fonte inspiradora do *Pequeno Livro Vermelho* do líder comunista chinês Mao Tsé-Tung.

Acredita-se que grandes equívocos diplomático-militares teriam sido evitados e milhões de vidas humanas poupadas se Sun Tzu fosse levado a sério por governantes e chefes militares das nações; possivelmente, até mesmo as duas grandes guerras mundiais não teriam ocorrido se as ponderações tático-estratégicas desse filósofo-guerreiro tivessem sido consideradas.

A originalidade do texto de Sun Tzu, que, posteriormente, nas muitas versões hoje existentes, veio a ser batizado como *A Arte da Guerra*, deu-lhe notoriedade já no seu tempo.

Em certa ocasião, Ho-lü, rei de Wu, concedeu uma audiência a Sun Tzu. Naqueles dias, Wu estava na iminência de envolver-se numa guerra sangrenta, de alto risco, com o vizinho Estado de Tchu. A visita do servo ilustre, que desejava ingressar nas fileiras do exército real, deixara o soberano entusiasmado.

— Sun Tzu, li inteiramente os treze capítulos da sua *Arte da Guerra*. Será que poderia realizar uma pequena experiência de controle do movimento de tropas? — perguntou-lhe o rei, visando a mensurar na prática a habilidade do visitante.

— Posso.

— Mas o senhor seria capaz de fazê-lo até mesmo usando mulheres? — provocou o monarca, ironicamente, como que a duvidar das teorias de Sun Tzu.

— Sim — respondeu o interlocutor, com serenidade e segurança.

Então, o rei aquiesceu e ordenou que viessem à sua presença suas cento e oitenta lindas concubinas. Deu toda autonomia a Sun Tzu para que treinasse, da forma como melhor lhe conviesse, a tropa feminina, podendo, inclusive, escolher o local do castelo real que mais se adequasse à tarefa. Somente depois de tudo pronto, verificaria pessoalmente o resultado.

Sem se importar com o papel ridículo que lhe queriam imputar, o general nomeado pelo rei dividiu o contingente em duas companhias, e colocou na liderança as duas concubinas favoritas do monarca.

Instruiu todas quanto ao uso de alabardas, e repassou-lhes orientações que todas, praticamente, jamais tinham ouvido em toda a sua vida. O desafio era grande.

— Vocês sabem em que posição ficam o coração, as mãos direita e esquerda e as costas?

— Sabemos — disseram as mulheres, ainda um tanto desconfiadas e inseguras, por não saberem onde terminaria aquela aventura.

— Quando eu der a ordem "Em frente, marche", virem-se para a direção do coração; quando eu falar "Esquerda, volver", voltem-se na direção da mão esquerda"; quando eu disser "Direita, volver", para a direção da mão direita; e quando eu ordenar "Meia-volta, volver", marchem na direção de suas costas. Compreenderam?

— Compreendemos — responderam elas, que, em seguida, receberam as armas.

Para certificar-se de que nenhuma dúvida pairava no ar, Sun Tzu, zeloso, deu a mesma ordem acima por mais três vezes e as explicou, pormenorizadamente, em cinco oportunidades.

Chegou, depois disso, o grande momento. O general bateu no tambor o sinal de "Direita, volver". O pequeno exército, em vez de cumprir a ordem, caiu na gargalhada.

Sem perder sua postura firme e serena, Sun Tzu retomou a palavra:

— Se as regras não são claras e as ordens não são completamente explicadas, a falha é do general. Assumo isso e repetirei as ordens mais três vezes, além de explicá-las mais cinco.

E assim aconteceu. Pacientemente, o estrategista instruiu a tropa, certificando-se, ao final, de que nenhum mal-entendido pairava no ar.

Estando tudo pronto, ele efetuou a batida no tambor e o sinal de volver à esquerda. Mas as mulheres, novamente, desandaram a rir sem medida.

Diante desse quadro hilário, Sun Tzu, com o semblante sério, porém equilibrado, afirmou:

— Se as instruções e os comandos não são claros, a falha é do general. Mas quando são claros e não são executados conforme a disciplina em vigor, temos aí um crime por parte das lideranças.

Surpreendendo a todos, Sun Tzu ordenou que as duas líderes das tropas fossem decapitadas.

O rei de Wu foi imediatamente avisado do ocorrido por um de seus emissários que assistiam à ordem unida, e não se conteve com a notícia de que suas duas concubinas preferidas estavam prestes a serem executadas.

Desesperadamente, enviou de volta o representante, com a seguinte mensagem: "É meu desejo que essas duas mulheres não sejam mortas".

Sun Tzu não cumpriu a contraordem, argumentando que não considerava sensato, da parte do rei, mudar de ideia quanto ao fato de ter-lhe dado plenos poderes sobre aquela legião feminina.

— Seu servo já recebeu a nomeação real e, quando o general está à frente do exército, não precisa acatar todas as ordens do soberano — asseverou.

Assim, determinou que as duas mulheres fossem penalizadas com a morte, para que o fato servisse de exemplo às demais. Logo após, indicou outras duas concubinas, na ordem de excelência, para liderar as companhias.

Feito isto, repetiu os sinais no tambor e as mulheres volveram à direita, à esquerda, à frente e fizeram meia-volta, deram joelhadas e se agarraram de acordo com o que estava determinado. Nenhuma delas esmoreceu ou ousou emitir o mais leve rumor de deboche.

Sun Tzu mandou, em seguida, um mensageiro ao rei, para informá-lo de que as tropas já se encontravam em boa ordem e que o próprio rei poderia vir revisálas e inspecioná-las pessoalmente.

— Estes soldados podem ser empregados de acordo com qualquer dos desígnios reais. Têm condição de caminhar até mesmo pelo fogo e pela água.

— O General pode ir para sua hospedaria e descansar. Eu não desejo inspecionar a tropa e quero que o senhor Sun Tzu retire-se deste palácio — sentenciou, um tanto decepcionado, o rei de Wu.

— Impressiona-me saber que o rei gosta de palavras vazias. Não é capaz de juntá-las aos atos, pondo-as em prática — retrucou Sun Tzu.

Depois de refletir por um tempo, Ho-lü percebeu que, de fato, Sun Tzu era um homem capacitado e, no momento oportuno, fez dele o general do Exército Real.

Poucos meses depois, as tropas do Estado de Wu destruíram as hostes do forte Estado de Tch'u, a oeste, e, posteriormente, invadiram Ying. Ao norte, intimidaram Ch'i e Chin. Devido a essas realizações, o nome de Sun Tzu tornou-se ilustre. Os demais Estados vizinhos, que antes incomodavam Wu, passaram a solicitar proteção a Ho-lü e oferecer-se como aliados, graças aos grandes feitos bélicos do seu Estado.

Estamos certos de que quem ler este livro verá que muitas das lições de Sun Tzu são plenamente aplicáveis nos dias modernos, e não somente no que diz respeito a planejamentos militares.

Neste trabalho, procuramos trazer ao leitor uma visão sintética, porém abrangente, dos postulados básicos de Sun Tzu, convidando todos à reflexão no sentido de que se aprecie a aplicabilidade desses fundamentos, no âmbito pessoal e coletivo.

Na vida diária, na atividade profissional, no relacionamento humano e social, enfim, a todo instante, somos convidados a lutar pela vitória, cientes de que sempre "o inimigo mora ao lado".

Se o mundo alcançou a modernidade, facilitando para muitos o acesso à informação, à educação e ao bem-estar, esse avanço tecnológico, por outro lado, potencializou o poder dos nossos principais adversários.

Os modernos inimigos, por sua vez, longe de serem retratados, como outrora, somente à imagem do homem perverso, que mata, saqueia, domina e ameaça, quase sempre estão travestidos ao modo de uma dificuldade íntima, um desafio profissional, um bloqueio financeiro, um entrave ao empreendedor, um rumor de imprensa, etc.

Neste livro reunimos os enunciados de Sun Tzu e utilizamos como fonte para a compilação das notas explicativas e dos textos complementares oportunos, comentários e informações de Li Ch'üan, Chang Yü, Mei Yao-ch'en, Tu Mu, Shen Pao-hsu, Ts'ao Ts'ao, Tu Yu, Chia Lin, Ho Yen-hsi, Sun Pin e vários outros soberanos e líderes militares que, na velha China, foram os primeiros a avaliar, na prática, os postulados do mestre da *Arte da Guerra*.

Dessa forma, com esta nova edição dessa tradicional referência na arte de bem conduzir os recursos, esperamos facilitar a compreensão das teses milenares de Sun Tzu a todos, até mesmo a quem apenas deseja vencer a guerra contra si mesmo. E lembre-se: você é o seu próprio general. Então, tome agora a iniciativa, planeje e marche decidido para a vitória.

Heloisa Sarzana Pugliesi
Dr. Márcio Pugliesi

Capítulo I

PLANEJAMENTO BÉLICO

1. Guerra é um assunto de importância vital para o Estado; uma questão de vida ou morte, a estrada da sobrevivência ou da ruína. É obrigatório que seja completamente estudada. Trata-se de assunto sério. Há apreensão quando homens se lançam a ela sem a devida reflexão. Quem despreza o tema evidencia uma lamentável indiferença pela conservação ou pela perda do que mais devemos prezar, que é a nossa segurança.

2. A guerra possui cinco fatores fundamentais: o primeiro é a influência moral; o segundo, tempo; o terceiro, terreno; o quarto, comando; e o quinto, disciplina.[1]

---

1. A ordem sistemática dos cinco fatores da guerra é perfeitamente clara. Quando as tropas são organizadas, inicialmente o conselho do Templo considera a benevolência do monarca e a confiança de seu povo; a seguir, a conveniência das estações do ano e, por fim, as dificuldades da topografia. Concluída esta avaliação, um general é indicado para coordenar o ataque. Depois que as tropas cruzam as fronteiras, o general é o único responsável pelas normas e ordens do grupamento. (Comentário de Chang Yü)

3. Se almejamos glória e sucesso mediante o uso das armas, devemos levar em alta consideração esses cinco fatores e avaliar, sempre, o quanto cada um deles é essencial. Aqueles que dominam essa reflexão, vencem; os que não, são derrotados.

3.a) A influência moral refere-se à lei moral vigente, à harmonia entre o povo e seus líderes, de forma que todos estarão unidos na vida e para a morte, sem temor do perigo fatal.[2]

3.b) O tempo abrange a interação de forças naturais; os efeitos do frio do inverno, do verão; e a conduta das operações militares de acordo com as condições climáticas.

3.c) O terreno implica distâncias: se é atravessado com facilidade ou dificuldade, se é aberto ou restrito e as probabilidades de sobrevivência nele.

3.d) O comando engloba as qualidades do general: sabedoria, sinceridade, humanidade, coragem e severidade.[3]

3.e) A disciplina invoca respeito à hierarquia, organização, controle, atribuição de funções apropriadas aos oficiais subalternos, regulamento de rotas de suprimento e provisão dos itens principais usados pelo exército.

4. Se soubermos qual general respeita a doutrina moral, qual é o mais capaz de adaptar-se às condições

---

2. No *Livro das Mutações*, encontramos este pensamento: "Ante a feliz perspectiva de vencer desafios, o povo esquece a ameaça da morte".

3. Disse Shen Pao-hsu: "Se um general não é corajoso e equilibrado, será incapaz de dirimir dúvidas ou de traçar grandes planos".

do tempo; qual exército tira vantagem da natureza e do terreno; quais regulamentos são mais bem executados e quem administra recompensas e punições de maneira mais iluminada; e ainda quais tropas são as mais fortes e organizadas — com oficiais e soldados bem instruídos em suas atribuições[4] —, seremos capazes de prever qual lado será vitorioso e qual será derrotado.[5]

5. Se um general prestar atenção às vantagens de se respeitar os cinco fatores da guerra e adotar para si as cinco virtudes de caráter, estejam certos de que vencerá. Quando se recusar a escutar esta estratégia, certamente será derrotado.

6. O general deverá criar situações que contribuam para a realização dos seus planos. Por "situações" entende-se: agir diligentemente, conforme o que é vantajoso, e, assim, comandar o equilíbrio. Isto significa aproveitar-se de toda circunstância útil, além das regras comuns, e fazer a correção de rumo do seu planejamento, de acordo com elas.

7. Toda guerra baseia-se no logro. Portanto, quando capaz, finja incapacidade; quando ativo, inatividade.

---

4. Disse Vegécio, em *De Re Militari*: "...impôs-se selecionar criteriosamente os recrutas, instruí-los no uso das armas, fortalecer-lhes o corpo com exercícios diários, examinar antecipadamente, nos campos de treinamento, todas as táticas possíveis, e ainda estabelecer severas normas disciplinares para castigo dos negligentes. O conhecimento da arte militar fomenta a coragem dos guerreiros, pois ninguém tem receio de desenvolver uma atividade para a qual foi bem treinado".

5. São palavras do mestre chinês Wang: "Se os oficiais não estiverem habituados a manobras rigorosas, ficarão preocupados e hesitantes em batalha; se os generais não estiverem completamente treinados, tremerão interiormente, quando enfrentarem o inimigo".

Quando próximo, faça parecer que está muito longe; quando longe, que está próximo. Ofereça ao inimigo uma isca para atraí-lo; finja desordem e o golpeie. (Veja texto complementar I)

8. Quando o inimigo concentrar suas forças, prepare investidas contra ele, visando-las. No ponto em que é forte, evite-o. Enfureça o general inimigo e o confunda.[6]

9. Finja inferioridade e encoraje a arrogância do inimigo. (Veja texto complementar II)

10. Mantenha o inimigo sob pressão e vença sua resistência. Quando o inimigo estiver unido, divida-o. Ataque onde ele estiver despreparado; invista quando ele não o estiver esperando. Estas são as chaves do estrategista para a vitória. Não é possível discuti-las antecipadamente. (Veja textos complementares III e IV)

11. Quando as considerações realizadas pelo comando antes das lutas se efetivarem, indicarem a vitória, é porque se tem força superior à do adversário; mas se estas apontarem derrota, é porque os cálculos evidenciam que se é inferior. Com muitos cálculos, pode-se vencer uma guerra, com poucos, não. Quão pequena é a possibilidade de vitória daquele que nenhum cálculo faz! Mediante tais critérios, examina-se a situação e o que há de acontecer se tornará claramente visível.

---

6. Na situação em que o general inimigo é obstinado, porém propenso à cólera, avançará irrefletidamente, irritado, confuso e sem um plano ideal, contra o adversário que o insulta e enfurece; colérico, sua autoridade pode ser facilmente abalada, pois seu caráter não é firme.

TEXTOS COMPLEMENTARES

I– A FALSA RETIRADA

Li Mu, general de Chao, liderou rebanhos de gado com seus pastores. Quando os Hsiung, tribo de nômades, cujo chefe era conhecido como Khan, chegaram a uma pequena distância, fingiu uma retirada, deixando para trás milhares de homens, como se os tivesse abandonado.

Quando o Khan recebeu essa notícia, ficou encantado e, à frente de suas tropas, rumou para o local. Li Mu dispôs a maioria das suas tropas em alas à direita e à esquerda e, num fulminante ataque, esmagou os hunos, sacrificando mais de cem mil desses cavaleiros nômades, que já haviam provocado a construção da Grande Muralha devido às suas constantes incursões guerreiras.

II– A FRAGILIDADE ENGANOSA

Ao fim da dinastia de Ch'in, Mo Tun, o general dos Hsiung Nu, primeiro estabeleceu seu poder.

O vizinho Hu Oriental era forte e enviou-lhe embaixadores para negociar. "Desejamos obter o cavalo de mil *li* (cada *li* equivale a aproximadamente 600 metros). Esse garanhão seria de T'ou Ma", disseram os emissários.

Mo Tun consultou seus conselheiros, que exclamaram: "O cavalo que percorre mil *li*! A coisa mais preciosa no país! Não o dê a eles!" Mo Tun respondeu:

"Por que negar um cavalo a um vizinho?" Assim, entregou o cavalo.

Pouco tempo depois, o Hu Oriental mandou outro mensageiro: "Desejamos uma das princesas do Khan". Mo Tun pediu conselho a seus ministros que, irados, reagiram: "O Hu Oriental é injusto! Agora pedem uma princesa! Imploramos que os ataque!" Mo Tun ponderou: "Como negar uma mulher jovem a um vizinho?" Então, enviou-lhes a princesa.

Mas não tardou que outro emissário do Hu Orientou retornasse: "Vocês têm mil *li* de terra sem uso e nós os queremos". Como de costume, Mo Tun consultou seus conselheiros, e entre eles houve quem achasse razoável ceder a terra, outros não. Indignado, Mo Tun sentenciou: "Terra é a fundação do Estado. Como alguém poderia dá-la? Todos aqueles que o aconselharam a fazê-lo serão decapitados". E assim ocorreu.

Em seguida, Mo Tun montou em seu cavalo e, com seu exército, fez um ataque surpresa e esmagador ao Hu Oriental, aniquilando o vizinho que o achava desprezível e estava despreparado.

Depois, voltou-se para o oeste e atacou Yueh Ti. Ao sul, anexou Lou Fan... E ainda invadiu Yen. Dessa forma, recuperou totalmente, dos Hsiung Nu, as terras ancestrais, conquistadas anteriormente pelo general de Ch'in, Meng T'ien.

III– A COMODIDADE FATAL

O fato ocorreu próximo do final do período Han, depois que Ts'ao Ts'ao derrotou Liu Pei. Este último fugiu para Yuan Shao, que, com suas tropas, também já estava predisposto a lutar contra Ts'ao Ts'ao, o qual, por certo, atacaria o Estado em questão de pouco tempo.

T'ien Fang, um dos oficiais superiores de Yuan Shao, comentou com seus companheiros: "Ts'ao Ts'ao é experiente no manejo de tropas; não se pode enfrentá-lo despreocupadamente. Nada é melhor que protelar a batalha e mantê-lo a distância. O senhor, general, deve nos fortalecer ao longo das montanhas e rios e manter as quatro prefeituras. Externamente, faça alianças com os líderes mais poderosos e, internamente, uma política agromilitar."*

E, mais ainda, aconselhou o oficial a Yuan Shao: "Em seguida, convoque tropas veteranas e constitua unidades extraordinárias. Opere investidas rápidas quando e onde ele estiver despercebido. Aja assim ciclicamente e perturbe o país ao sul do rio. Quando o inimigo socorrer a direita, ataque sua esquerda; quando se voltar à esquerda, fustigue-o à direita: deixe-o exausto, fazendo-o correr atrás disso continuamente... Agora, caso rejeite essa estratégia vitoriosa e decida arriscar tudo em uma única batalha, será muito tarde para se lamentar".

---

* N. T.: Quanto à referência a colônias agrícolas em que camponeses com adestramento militar eram mantidos em contínuo treinamento, via de regra em regiões de fronteira, essa tática mostrou seus poderosos resultados na recente guerra do Vietnã, em que os soldados americanos descobriram a eficácia dessa duplicidade de poder combativo aliado à solução dos difíceis problemas de logística, em regiões fronteiriças.

Yuan Shao não seguiu este conselho e foi derrotado por Ts'ao Ts'ao.

IV– A INVESTIDA SURPRESA

Em certa ocasião, dez planos foram propostos por Li Ching de T'ang para serem usados contra Hsiao Hsieh, e toda a responsabilidade de comandar os exércitos foi a ele confiada.

No oitavo mês, Li Ching de T'ang reuniu suas forças em K'uei Chou. Como era outono, as águas do Yangtze provocavam inundações e tornavam perigosas as estradas pelos três desfiladeiros. Hsiao Hsieh pensou que Li Ching certamente não iria avançar contra ele e, por isso, não se preveniu à altura.

No nono mês, Li Ching assumiu o comando das tropas e as enviou segundo esta descrição: "A rapidez extraordinária é da maior importância na guerra; não se podem desdenhar as oportunidades. Agora estamos concentrados e Hsiao Hsieh não suspeita disso. Com a vantagem de o rio estar alagado, iremos aparecer de surpresa sobre as muralhas da capital dele".

E acrescentou T'ang: "Quando o trovão chega, não há tempo de proteger as orelhas. Mesmo que ele possa descobrir-nos, não terá tempo de fazer um plano para se opor a nós e, por certo, poderemos superá-lo".

Assim, Li Ching de T'ang avançou e Hsiao Hsieh começou a temer; chamou reforços para a parte sul do rio, mas estes não puderam chegar a tempo. Li Ching sitiou a cidade e Hsiao Hsieh se rendeu.

A tática de "investir quando não estiver sendo esperado" faz lembrar também a época em que a dinastia Wei, perto de seu fim, mandou o General Chung Hui e Teng Ai para atacar Shu.

No inverno, no décimo mês, Ai deixou Yin P'ing e marchou por mais de setecentos *li*, por terras inabitadas, edificando estradas através de montanhas e pontes suspensas. Montanhas altas, vales profundos...

A tarefa era muito difícil e perigosa, e o exército, quase sem provisões, estava prestes a perecer. Mesmo assim, Teng Ai se embrulhou em tapetes de feltro e rolou pelas encostas íngremes das montanhas; generais e oficiais subiram nos galhos das árvores.

Escalando os precipícios como cardumes de peixes, o exército avançou. Teng Ai apareceu primeiro em Chiang Yu e em Shu. Em Ma Mou, o general encarregado de sua defesa rendeu-se. Teng Ai decapitou Chuko Chan, que resistiu em Mien-Chu, e marchou sobre Ch'eng Tu. O rei de Shu, Liu Shan, também se rendeu.

Capítulo II

EMPREENDENDO A GUERRA

1. O essencial na guerra é a vitória e não operações prolongadas. Quando ela demora a ser conquistada, as armas perdem o corte e o moral da tropa se reduz. Quando atacar as cidades, a força do grupo estará exaurida.

2. Apesar de já termos ouvido falar de velocidade cambiante na guerra, é raro vermos uma operação inteligente que tenha sido propositadamente prolongada e, com isso, beneficiado, efetivamente, um Estado.[7]

3. Aqueles que não compreendem os perigos inerentes ao emprego de tropas são igualmente incapazes de entender as suas vantagens.

4. Os adeptos da guerra calculada não precisam de um segundo recrutamento de soldados, nem de outro aprovisionamento. Eles levam equipamento da pátria;

---

7. Na obra *Os anais de primavera e outono*, lemos: "Guerra é como fogo; quem (sob condições adversas) não colocar as armas de lado (e bater em retirada) será consumido por elas".

e confiam nas provisões do inimigo a ser derrotado. Assim, após a vitória esperada, o exército triunfante ficará fartamente abastecido com comida.

5. Trate bem os prisioneiros e cuide deles, para que possam ser úteis. Isso corresponde a vencer uma batalha e fortalecer-se.

6. Em batalhas de carros, quando mais de dez forem capturados, recompense o que capturou o primeiro; retire as flâmulas e bandeiras inimigas e ponha as suas no lugar; misture os carros capturados com os seus, utilize-os.

7. Se as batalhas forem proteladas, os recursos do Estado não serão suficientes. Fora o custo básico, há os dispêndios imprevistos de manutenção, que se referem à quebra de carros, cavalos esgotados, reposição de armaduras, capacetes, flechas e arcos, lanças e escudos de mão e corpo, saque de animais e vagões de suprimentos, etc.[8]

8. Quando as armas estão sem corte, o ardor extinto, a força exaurida e o tesouro vazio, os governantes vizinhos se aproveitarão de sua angústia para agir. Nessa situação, mesmo que pense que tem conselheiros sábios, nenhum deles terá capacidade para elaborar bons planos para o futuro.

9. Quando um Estado está empobrecido por operações militares, o problema é causado, geralmente, pela despesa com transportes por longa distância; ademais,

8. As batalhas do rei Wu, de Han, arrastavam-se por longo tempo, sem nenhum resultado e, depois de o tesouro esvaziar-se, ele foi obrigado a emitir uma triste declaração de insolvência.

o carregamento de suprimentos por longo período deixa os membros do exército desamparados e famintos.

10. Os preços são altos onde o exército está posicionado; quando os preços sobem, a economia do Estado se exaure. E quando essa riqueza acaba, o camponês fica aflito com as arrecadações urgentes.[9]

11. Se a força do exército estiver esgotada e a riqueza do Estado consumida, os lares, nas planícies centrais, ficarão empobrecidos, com sete décimos de suas riquezas totalmente dissipadas.[10]

12. O general sábio entende que o inimigo deve alimentar suas tropas, pois uma medida[11] de cereais das provisões do adversário equivale a vinte das suas; cem medidas de peso de forragem do oponente correspondem a duas mil das suas.

13. Quando motivadas, as tropas matam o inimigo porque estão enfurecidas. (Veja texto complementar I)

14. Os que atacam também saqueiam o inimigo porque desejam a riqueza. (Veja texto complementar II)

15. O general que comanda a guerra é o ministro da sorte do povo e o árbitro do destino da nação.

---

9. O preço de todos os artigos sobe no local onde tropas estão reunidas, porque todos cobiçam lucros extraordinários ao fornecerem provisões. Decorrência natural da lei da oferta e procura.

10. Quando a guerra é morosa, homens e mulheres se ressentirão por não poderem se casar, além de serem afligidos pela responsabilidade dos transportes.

11. Uma medida de cereais equivale a pouco mais de 35 litros. No transporte de provisões por uma distância de mil *li*, seriam consumidas vinte medidas de cereais na entrega de uma medida ao exército. Mas se um terreno difícil precisa ser cruzado, uma quantidade maior seria necessária.

TEXTOS COMPLEMENTARES

I – A FÚRIA INCONTROLÁVEL

Em 279 a.C., quando o exército de Yen cercou o de Chi Mo, em Ch'i, cortou os narizes de todos os prisioneiros de Ch'i. Os homens de Ch'i estavam enfurecidos e tentaram, desesperadamente, uma defesa.

T'ien Tan enviou um agente secreto com a mensagem: "Tememos que vocês, homens de Yen, violem sepulcros para exumar os corpos de nossos antepassados. Como isso, partirão nossos corações!"

O exército de Yen, imediatamente, começou a abrir as tumbas e queimar os restos mortais. Os defensores de Chi Mo a tudo assistiram das muralhas da cidade e, com lágrimas correndo, quiseram iniciar a batalha, pois o ódio tinha multiplicado suas forças por dez. Vendo, então, que suas tropas estavam prontas, T'ien Tan atacou e infligiu uma ruinosa derrota a Yen.

II – O INCÊNDIO PROVIDENCIAL

Ao fim do período Han, o prefeito de Chin Chou, Tu Hsiang, atacou os rebeldes de Kuei Chou, Pu Yang, P'an Hung e outros. Invadiu Nan Hai, destruindo três de seus campos, além de capturar muitos tesouros.

No entanto, P'an Hung e seus seguidores ainda eram fortes e numerosos, enquanto as tropas de Tu Hsiang, agora ricas e arrogantes, não mais alimentavam qualquer desejo de batalha.

Hsiang disse: "Por dez anos, Pu Yang e P'an Hung têm sido rebeldes. Ambos são especialistas em ataque e defesa. Realmente, deveríamos juntar as forças de todas as prefeituras e atacá-los. Pois, agora, precisamos encorajar as tropas a continuar a caça".

Dessa forma, as tropas, tanto as superiores quanto as inferiores, uniram-se para preparar a emboscada. Assim que partiram, Tu Hsiang enviou secretamente pessoas para queimar o quartel. O tesouro que guardavam foi totalmente destruído.

Quando os caçadores voltaram, todos se lamentaram. Tu Hsiang ponderou: "Com a riqueza e bens de Pu Yang e dos que com ele estão, enriqueceremos várias gerações. Vocês, cavalheiros, ainda não fizeram o que de melhor lhes é possível. O que perderam no incêndio é apenas uma pequena parte do que eles possuem. Por que se preocupar com isso?"

Ao ouvir isso, as tropas ficaram enraivecidas e quiseram lutar. Tu Hsiang ordenou que se alimentassem os cavalos e que todos comessem em suas camas.

Cedo, de manhã, marcharam para os campos rebeldes. Yang e Hung não estavam preparados e as tropas de Tu Hsiang os aniquilaram, mediante um ataque fulminante.

Capítulo III

VENCER ANTES DE LUTAR

1. Na guerra, a melhor política, geralmente, é capturar um Estado intacto; arruiná-lo denota atitude inferior.

2. Capturar o exército inimigo ou pegar um batalhão, uma companhia ou um esquadrão de cinco homens intactos é melhor que destruí-los.

3. Vencer cem vezes em cem batalhas não é o auge da habilidade, mas, sim, subjugar o inimigo sem precisar lutar.

4. Antes de partir para a guerra, é de suma importância atacar a estratégia inimiga. (Veja texto complementar I)

5. Depois de atacar a estratégia inimiga, a segunda melhor coisa a fazer é romper suas alianças.

6. Ferida a estratégia e rompidas as alianças inimigas, a melhor atitude a ser tomada é atacar seu exército.

7. A pior política é atacar as cidades. Só as ataque se não houver alternativa.

8. Se um general impaciente ordena que suas tropas enxameiem sob as muralhas como formigas, um terço delas será morto antes de tomar a cidade, tal é a calamidade desses ataques. (Veja texto complementar II)

9. Os que têm experiência em guerras reduzem o exército inimigo sem batalha, capturam as cidades sem assaltá-las e derrubam Estados sem operações prolongadas. (Veja texto complementar III)

10. Seu objetivo deve ser tomar o império intacto. Assim, suas tropas não se cansarão e seus ganhos serão totais. Eis aí a arte da estratégia ofensiva.

11. A arte do uso de tropas é esta:

11.a) Se dez dos seus e um do inimigo se enfrentam, cerque-o.

11.b) Se sua força é cinco vezes maior, ataque-o.

11.c) Se sua força é duas vezes maior, divida-o.[12]

12. Se as forças hostis forem iguais, você pode enfrentá-las.

13. Se você se reconhece numericamente mais fraco, seja capaz de se retirar.[13]

---

12. Disse o grão-duque: "Alguém que seja incapaz de influenciar o inimigo, fazendo-o dividir suas forças, não está apto a discutir táticas incomuns".

13. Disse Tu Mu: "Deve-se evitar a pressa inicial do inimigo se suas tropas não são iguais às dele. Mais tarde, você provavelmente poderá tirar vantagem de um ponto maleável. Então, levante-se e, com espírito determinado, busque a vitória".

14. Se, em todos os aspectos, você é desigual ao inimigo, seja capaz de iludi-lo, pois uma força pequena não passa de um prêmio para a mais poderosa.[14]

15. Quando o general é o protetor do Estado, este com certeza será forte se a proteção for totalmente envolvente; será fraco, se defeituosa for essa proteção.

16. Existem três maneiras pelas quais um regente pode levar seu exército ao infortúnio:

16.a) Embaraçando o exército, quando, ignorando que ele não deve avançar, ordena o avanço; ou, ao contrário, ignorando que não deve se retirar, ordena a sua retirada.

16.b) Quando, desconhecendo os assuntos militares, participa da administração dos mesmos. Isto deixa os oficiais perplexos.[15]

16.c) Quando ignora os problemas do comando e compartilha o exercício das responsabilidades militares. Isto gera dúvidas na mente dos oficiais.

17. Sendo o exército confuso e suspeito, os regentes vizinhos serão um permanente problema. Um exército confuso leva o outro à vitória.

18. Existem cinco circunstâncias em que o caminho da vitória pode ser previsto:

---

14. Disse Mencius: "Por certo, o pequeno não tem como se tornar igual ao grande, tampouco o fraco ao forte, nem alguns poucos o podem fazer em relação a muitos".

15. Disse Chang Yü: "Retidão e benevolência podem ser usadas para se governar um Estado, mas não na administração de um exército. Conveniência e flexibilidade podem ser usadas para se administrar um exército, mas não para governar um Estado".

18.a) Será vitorioso aquele que sabe quando pode lutar e quando não pode.

18.b) Será vitorioso quem sabe quando usar tanto as grandes quanto as pequenas forças.[16]

18.c) Será vitorioso aquele que tem as tropas unidas por um propósito.[17]

18.d) Será vitorioso aquele que é prudente e fica à espera do inimigo potencial, ou seja, aquele que ainda não é adversário, mas que amanhã poderá sê-lo.

18.e) Será vitorioso aquele cujos generais são capazes e não sofrem interferências de seu soberano.

19. Conheça o inimigo e conheça a si mesmo; assim, em uma centena de batalhas, você nunca correrá perigo. Quando se desconhece o inimigo, mas se conhece a si mesmo são iguais as suas oportunidades de ganhar ou perder. Mas desconhecer-se a ambos, certamente se estará em perigo em todas as batalhas.

TEXTOS COMPLEMENTARES

1 – A RAIZ CORTADA

No final do período Han, K'ou Hsün cercou Kao Chun. Para negociar, Chun enviou seu oficial de logística, Huang-fu Wen, que, nas negociações, foi rude e teimoso e acabou sendo morto pelo inimigo.

---

16. Na guerra, há circunstâncias em que muitos não podem atacar poucos, como temos situações em que o fraco pode dominar o forte. Vencerá aquele que for capaz de manipular tais circunstâncias.

17. Disse Mêncio: "Agir na estação apropriada não é tão importante quanto usar as vantagens do terreno, e estas, por sua vez, não são tão importantes quanto manter as relações humanas harmoniosas".

O seguinte recado de K'ou Hsün chegou ao conhecimento de Kao Chun: "Seu oficial era desprovido de boas maneiras. Eu o decapitei. Caso deseje render-se, faça-o já. Do contrário, defenda-se".

No mesmo dia, Kao Chun abriu suas fortificações e se rendeu.

Todos os generais de K'ou Hsün ficaram surpresos: "O senhor matou o enviado dele e ainda o forçou a entregar sua cidade..."

K'ou Hsün esclareceu: "Huang-fu Wen representava o coração e os intestinos de Kao Chun, era o seu conselheiro íntimo. Se eu tivesse poupado seu emissário, ele poderia ter realizado seus planos; mas, quando o matei, Kao Chun perdeu seus intestinos".

E continuou: "A suprema excelência na guerra é o ataque aos planos do inimigo." Todos os generais, em consenso, comentaram: "Isto extrapola a nossa compreensão".

11– O VINHO DA CÓLERA

O imperador T'ai Wu conduziu mil tropas para atacar o general de Sung, Tsang Chih, em Yu T'ai, no final do período Wei.

Primeiro, o imperador solicitou a Tsang Chih um pouco de vinho, pois era comum, antes da batalha, a troca de cumprimentos e presentes. T'ang Chih lacrou um pote cheio de urina e enviou a ele.

Tomado pela raiva, T'ai Wu imediatamente avançou sobre a cidade, mandando que suas tropas escalassem as muralhas e combatessem corpo-a-corpo.

Após trinta dias sem vitória, os cadáveres empilhavam-se até o topo das muralhas; os mortos excederam metade da força de T'ai Wu.

III– A CONQUISTA PELA ESTRATÉGIA

No final do período Han, o Marquês de Tsan, Tsan Kung, cercou os rebeldes "Yao", em Yüan Wu. Entretanto, após vários meses, não conseguiu tomar a cidade, e seus oficiais e soldados ficaram doentes e cobertos de úlceras.

O rei de Tung Hai aconselhou Tsang Kung: "Agora, depois que massacrou as tropas e cercou o inimigo, está determinado a lutar até a morte... Mas isto não é estratégia! É preciso levantar o cerco. Deixe os inimigos saberem que uma rota de fuga está aberta... Eles irão fugir e se dispersar. Daí, qualquer policial de vilarejo será capaz de capturá-los!"

Tsang Kung seguiu este conselho e tomou Yüan Wu.

Capítulo IV

DISPOSIÇÕES DAS TROPAS

1. Antigamente, os guerreiros hábeis tornavam-se primeiramente invencíveis e, depois, esperavam o momento em que o inimigo estivesse vulnerável. Contudo, sua invencibilidade depende de você mesmo; a vulnerabilidade do adversário depende dele.

2. Os habilidosos na guerra podem tornar-se invencíveis, mas não podem causar a vulnerabilidade inimiga.

3. Alguém pode saber como vencer, mas não necessariamente vencer.

4. A invencibilidade reside na defesa; a possibilidade de vitória, no ataque.

5. A defesa acontece quando a própria força é inadequada; o ataque, quando abundante é a força.

6. Os experientes em defesa ocultam-se na nona dobra da terra;[18] os habilidosos no ataque avançam até a nona dobra dos céus e, dessa forma, tornam-se aptos a protegerem a si mesmos e alcançarem a vitória completa.

7. Prever uma vitória que o homem comum pode prever não corresponde ao auge da habilidade. (Veja texto complementar I)

8. Ser universalmente aclamado como um "perito" pelo triunfo em batalha não é o auge da habilidade, pois derrubar um outono não exige grande força; distinguir o Sol da Lua não corresponde a um teste de visão; escutar um trovejar não indica que se tem audição aguda.[19]

9. Os considerados hábeis em guerra, antigamente, conquistavam um inimigo facilmente conquistável. Portanto, as vitórias de um mestre da guerra não lhe trazem reputação alguma pela sabedoria, nem mérito por seu valor, visto que ele alcança suas vitórias sem errar, ou seja, qualquer coisa que faça assegura seu triunfo, a conquista de um adversário já derrotado.

---

18. Confiar na força de obstáculos como montanhas, rios e contrafortes é atitude considerada fundamental pelos peritos em defesa, pois faz com que seja impossível ao inimigo saber onde atacar. Somem do mapa, como se estivessem sob a nona capa do solo. Confiar nas estações e vantagens do terreno é atitude considerada fundamental pelos peritos em ataque, que se valem de inundações e incêndios, de acordo com a situação, não permitem que o inimigo saiba onde se preparar. Atacam como um raio proveniente da nona camada dos céus (nos tempos antigos, céu e terra compunham-se de camadas ou estágios).

19. Ao mencionar "derrubar um outono", Sun Tzu queria dizer "derrubar coelhos", que na chegada do outono são levíssimos.

10. O general hábil assume uma posição em que ninguém o poderá derrotar e não desperdiça qualquer oportunidade de dominar seu inimigo.

11. Um exército vitorioso triunfa antes do embate; um exército perdedor luta na esperança de vencer.

12. Aqueles que são habilidosos na guerra cultivam o *Tao*, preservam as leis e têm, portanto, capacidade de empreender políticas vitoriosas.[20]

13. Quanto à arte de manobrar tropas e definir táticas, os elementos da arte da guerra são:

13.a) Medida de espaço;

13.b) Estimativa de quantidades;

13.c) Cálculos;

13.d) Comparações;

13.e) Possibilidades de vitória.

14. Na arte da guerra, tudo está interligado: as medidas de espaço são derivadas do terreno; as quantidades derivam das medidas; os diagramas provêm das quantidades; as comparações, dos diagramas; e as vitórias, das comparações.[21]

---

20. No conceito vigente na época, o *Tao* é o caminho da humanidade e da justiça, "leis" são regulamentos e instituições. "Quem se supera em guerra, primeiro cultiva sua própria humanidade e justiça e mantém suas leis e instituições. Assim, torna seus governos invencíveis", disse o sábio Tu Mu.

21. "Terreno" inclui as distâncias e tipo de região; "medida" é cálculo. Antes de se despachar o exército, eram feitos os cálculos, considerando-se o grau de dificuldade da terra inimiga, as retas e desvios de suas estradas; o número de suas tropas, a quantidade de seus equipamentos de guerra e o estado de seu moral. Tais cálculos permitiam saber se o inimigo poderia ser atacado. Apenas depois disso, a população era mobilizada e as tropas recrutadas.

15. Um exército vitorioso assemelha-se a cem medidas de peso equilibradas contra um grão; para o exército derrotado, seria equilibrar um grão contra cem medidas de peso. Isto se dá porque um bom general consegue fazer seus soldados lutarem à maneira de águas confinadas que, quando liberadas repentinamente, mergulham num abismo sem fim.

16. Um general habilidoso respeita, acima de tudo, a doutrina e adota o comando e a disciplina de forma plena; assim, detém em suas mãos o poder de controlar o sucesso. A mesma regra vale para a tática.

17. A água evita as alturas e se precipita para os baixios. O exército aproveita-se do despreparo do inimigo, ataca-o inesperadamente, evita a força dos ataques inimigos e preenche a falha de suas linhas.

TEXTO COMPLEMENTAR

1– O DESCRÉDITO DA MULTIDÃO

Quando o Estado de Chao foi aniquilado por Han Hsin, este saiu do Bom Desfiladeiro antes do desjejum. “Depois de destruir o exército de Chao, nos reuniremos para a refeição”, disse Han.

Desesperados, os oficiais fingiram concordar. Han Hsin preparou seu exército com o rio em sua retaguarda. Observando isso, as tropas de Chao escalaram com suas picaretas e, caindo no riso, escarneceram: “Han não sabe como usar as tropas!”

Han Hsin então derrotou o exército de Chao e, depois do desjejum, decapitou o senhor Ch'eng An.

Esse é um exemplo de atitude que a multidão não compreende, mas que o hábil general domina com maestria.

Capítulo V

FORÇAS NORMAIS E EXTRAORDINÁRIAS

1. Geralmente, não há diferença entre administrar muitos e administrar poucos. Trata-se de uma questão de organização. (Veja texto complementar I)

2. Em geral, não há diferença entre controlar muitos e controlar poucos. Trata-se de uma questão de formações e sinais.[22]

3. Para que o exército sustente o ataque inimigo sem derrota, deve-se ter forças extraordinárias e normais.[23]

---

22. Quando inúmeras tropas são empregadas, por certo se encontram muito separadas e não conseguem escutar com precisão nem podem ver claramente. Assim, os oficiais e soldados recebem ordens para avançar ou retirar-se mediante a observação de flâmulas e bandeiras, e mover-se ou parar por meio dos sinais de sinos e tambores: o valente não avançará sozinho, nem o covarde fugirá.

23. A força que combate o inimigo é a normal, mas aquela que avança até os seus flancos é a extraordinária. Nenhum comandante de exército consegue vantagem sobre o inimigo sem se valer das forças extraordinárias. Deve fazer com que o inimigo pense que suas forças normais são as extraordinárias e que as extraordinárias são as normais. Ademais, a normal pode se tornar a extraordinária e vice-versa.

4. Quando se vê tropas lançadas contra o inimigo tal como um rebolo contra um ovo, tem-se aí um exemplo de um sólido atuando sobre um nulo.

5. Na batalha, valha-se da força normal para o combate e utilize a extraordinária para vencer.

6. Os habilidosos na arte da guerra possuem recursos, no uso das forças extraordinárias, tão infinitos quanto céus e terra; tão incansáveis quanto a correnteza perene dos grandes rios, uma vez que tais recursos acabam e recomeçam, ciclicamente, similarmente aos movimentos do Sol e da Lua. Morrem longe e renascem recorrentemente, como o suceder das estações que a cada ano marcam presença.

7. São apenas cinco as notas musicais; contudo, as melodias que estas produzem são tão numerosas que é impossível ouvir a todas. São apenas cinco as cores primárias, entretanto, as combinações que produzem são tão numerosas que é impossível visualizar a todas. São apenas cinco os sabores, mas suas misturas são tantas que é impossível provar a todas. Na batalha, temos situação idêntica: temos somente forças normais e extraordinárias, mas suas combinações não têm limites; ninguém pode compreender a todas.

8. As forças normais e extraordinárias da guerra são mutuamente reprodutivas; a interação delas é tão infinita quanto aquela de anéis engrenados. Nenhum indivíduo pode definir quando uma acaba e outra se inicia.

9. Quando pedregulhos são lançados por águas torrenciais, é por causa do impulso fluvial; quando o

golpe do falcão quebra o corpo de sua presa, é por causa da sincronização. Do mesmo modo, o hábil na guerra domina seu impulso e seu ataque é precisamente ajustado. Seu potencial é o de uma balestra completamente armada; seu sincronismo, a liberação do gatilho.

10. A batalha parece caótica em meio ao tumulto e alvoroço, mas não há desordem; mesmo parecendo girar em círculos, as tropas não podem ser derrotadas.[24]

11. Aparente confusão é produto da boa ordem; aparente covardia, de coragem; aparente fraqueza, de força. Ordem ou desordem dependem de organização; coragem ou covardia, das circunstâncias; força e fraqueza, das disposições.[25]

12. Os habilidosos em levar o inimigo a realizar algum movimento o fazem criando uma situação à qual ele é obrigado a se conformar. Eles o atraem com iscas de lucro ostensivo, oferecendo algo cuja conquista parece certa ao adversário; porém, esperam-no com a força.

13. Um general hábil busca a vitória pela situação e não a exige de seus subordinados; sabe selecionar os

---

24. Ainda que tudo possa parecer tumulto e confusão na batalha, as flâmulas e bandeiras prescreveram arranjos; os sons do címbalo fixaram regras.

25. Se alguém quer fingir desordem para atrair o inimigo, tem de agir com muita disciplina. Somente nessa condição pode fingir confusão. Quem deseja simular covardia e fica à espera do inimigo deverá ser corajoso, pois só então é capaz de simular medo. E o que deseja parecer fraco, para evocar a arrogância do inimigo, precisa ser extremamente forte. Só assim pode fingir fraqueza.

homens certos e estes exploram a situação. (Veja texto complementar I)

14. Confiante na situação, o general vale-se de seus homens em luta como o rolar de troncos e pedras, cuja natureza é a de ficarem estáticos em solo estável; e moverem-se em solo instável. Se for plano, param; se ondulado, rolam. Assim, em batalhas, o potencial de tropas habilmente comandadas compara-se a pedregulhos redondos que rolam montanha abaixo.

TEXTOS COMPLEMENTARES

I – A ADMINISTRAÇÃO DA TROPA

Na administração de uma tropa é necessário, a princípio, atribuir responsabilidades aos generais e seus assistentes e definir as forças de tropas e linhas...

Um homem é um; dois, um par; três, um trio. Um par e um trio fazem cinco, que é um esquadrão; dois esquadrões fazem uma divisão; cinco divisões, um pelotão; dois pelotões, uma companhia; duas companhias, um batalhão; dois batalhões, um regimento; dois regimentos, um agrupamento; dois agrupamentos, uma brigada; duas brigadas, um exército.

Recapitulando: 1 esquadrão = 5 homens; 1 divisão =10 homens; 1 pelotão = 50 homens; 1 companhia = 100 homens; 1 batalhão = 200 homens; 1 regimento = 400 homens; 1 agrupamento = 800 homens; 1 brigada = 1.600 homens; 1 exército = 3.200 homens. Eis a organização do exército.

Cada célula é subordinada ao seu superior e ao mesmo tempo controla a inferior. Cada um é adequadamente treinado. Desse modo, é possível administrar-se uma tropa de um milhão de homens de forma idêntica à que se administra poucos elementos.

Podemos fazer a seguinte ponderação: ao se usar tropas, é preciso tirar vantagem da situação tal como se estivesse colocando uma bola em movimento em um declive. A força aplicada é mínima, mas os resultados são enormes.

Há três tipos de situações favoráveis na guerra:

a) em relação ao moral: o general despreza seu inimigo e seus oficiais adoram lutar; suas ambições estão planando tão alto quanto as nuvens do céu e seus espíritos tão ferozes quanto furacões;

b) em relação ao terreno: um homem defende um estreito desfiladeiro de uma montanha, que é como um intestino de ovelha ou uma porta de casa de cachorro, podendo, sozinho, resistir a mil;

c) em relação ao inimigo: quando alguém tira vantagem da frouxidão inimiga, sua fadiga, fome e sede, ou ataca quando os acampamentos avançados do inimigo não estão estabelecidos, ou o exército dele está só a meio caminho na travessia de um rio.

II– O LIMITE DA RESPONSABILIDADE

Quando Ts'ao Ts'ao atacou Chang Lu, em Han Chung, deixou os generais Chang Liao, Li Tien e Lo Chin no comando de mais de mil homens para defender Ho Fei.

Ts'ao Ts'ao enviou instruções para o Comissário do Exército, Hsieh Ti, e anotou na extremidade do envelope: "Abra isto apenas quando os rebeldes chegarem".

Pouco tempo depois, Sun Ch'üan, de Wu, com cem mil homens, sitiou Ho Fei. Os generais abriram as instruções e leram: "Se Sun Ch'üan chegar, os generais Chang e Li deverão lutar. O general Lo ficará defendendo a cidade. O comissário do Exército não participará da batalha, e todos os outros generais terão de enfrentar o inimigo".

Chang Liao comentou: "Nosso senhor está lutando muito longe e, se ficarmos aguardando a chegada de reforços, os rebeldes certamente nos aniquilarão. Então, as instruções dizem que antes que o inimigo se una, devemos atacá-lo imediatamente, inutilizar suas espadas e estabilizar o moral de nossas próprias tropas. Depois, poderemos defender a cidade. Nessa única ação reside a oportunidade para a vitória ou a derrota".

Li Tien e Chang Liao foram para o ataque e realmente derrotaram Sun Ch'üan, arrasando o moral do exército de Wu. Eles retornaram e arrumaram suas defesas, e as tropas sentiram-se seguras.

Mesmo tendo assaltado a cidade por dez dias, Sun Ch'üan não pôde tomá-la e se rendeu.

Em discussão, o historiador Sun Sheng observou: "Guerra é uma questão de logro. Sobre a defesa de Ho Fei, este se encontrava solto no ar, fraco e sem reforços. Se alguém confia apenas em generais corajosos, que amam lutar, isso trará problemas. Se alguém confia unicamente naqueles que são cautelosos, seus corações amedrontados acharão difícil controlar a situação."

Assim, no emprego de homens, o método é usar o avarento e o estúpido, o sábio e o corajoso, dando-lhes responsabilidades nas situações que melhor se ajustem a eles. Não se pode encarregar pessoas de algo que não sabem fazer. O correto é selecioná-las e dar-lhes responsabilidades, conforme suas aptidões.

Capítulo VI

AÇÃO OFENSIVA

1. Geralmente, quem primeiro ocupa o campo de batalha e põe-se à espera do inimigo, fica à vontade; ficará cansado o que chega com atraso à cena e se apressa em lutar.

2. São os habilidosos na guerra que trazem o inimigo ao campo de batalha e não o contrário, ou seja, evitam ser trazidos por ele.

3. Quem é capaz de trazer o inimigo para o seu próprio acordo, o faz oferecendo alguma vantagem. E quem é capaz de impedi-lo de vir, o faz ferindo-o.[26]

4. Seja capaz de cansar o inimigo quando ele está confortável; faça com que passe fome, quando bem alimentado; faça-o mover-se, quando descansando.

5. Surja em lugares nos quais o adversário precisará acelerar; mova-se rapidamente onde ele não o espera.

---

26. O inimigo não avançará se formos capazes de manter pontos críticos nas suas estradas estratégicas. Disse o mestre Wang: "Se apenas um gato guardar a saída da toca dos ratos, nem dez mil ratos não ousam sair juntos; e se um solitário tigre guarda o vau, dez mil cervos juntos não se arriscam a atravessar a área".

6. Se você puder marchar mil *li* sem se cansar, é porque está viajando por onde não há inimigos.

7. Ter certeza de tomar aquilo que ataca é atacar uma posição que o inimigo não protege; ter certeza de manter aquilo que defende é defender uma posição que o inimigo não ataca. Portanto, saiba que, ao enfrentar os habilidosos no ataque, um inimigo não sabe onde defender. Do mesmo modo, ele não sabe onde atacar, quando combate os peritos em defesa.

9. Na guerra, o perito age de maneira sutil e insubstancial, não deixa pistas; divinamente misterioso, é inaudível; torna-se, ele próprio, senhor do destino de seu inimigo.[27]

10. Que o seu avanço na guerra seja como um mergulho irresistível nas posições fracas do inimigo; seja aquele que, na sua retirada, não pode ser perseguido, e mova-se tão rapidamente a ponto de não poder ser ultrapassado.

11. Se desejo batalhar, meu inimigo não pode fazer nada além de me enfrentar, mesmo protegido por muralhas altas e vales profundos. É obrigado a ir à luta, pois ataco uma posição que precisa socorrer.

---

27. Disse Ho Yen-hsi: "Faça com que sua força seja percebida pelo inimigo como fraqueza, e sua fraqueza como força. Ao mesmo tempo, aja de maneira tal que a força dele se torne fraqueza; assim, descubra onde ele não é realmente forte... Esconda suas pegadas de forma que o adversário ou ninguém possa discerni-las; mantenha o silêncio para que o hostil ou ninguém possa ouvi-lo".

12. Se desejo evitar a batalha, basta apenas riscar uma linha no solo para me defender; o inimigo será incapaz de me atacar, porque eu o desviei do lugar em que almejava ir. (Veja texto complementar I)

13. Sendo capaz de determinar as disposições inimigas, enquanto simultaneamente escondo as minhas, posso então me concentrar e o inimigo deve se dividir. Nessa situação, numericamente superior, posso usar toda a minha força para atacar uma fração da dele. E se posso usar muitos para atacar poucos em um ponto determinado, aqueles com quem negocio se verão em triste necessidade.

14. Não se deve deixar o inimigo saber onde tenho intenção de batalhar, pois assim ele precisará preparar-se em muitos lugares, de modo que os hostis que lutarão em qualquer lugar serão poucos.

15. Se o adversário se preparar na frente, sua retaguarda estará frágil; se pela retaguarda, seu *front* estará fraco; se à esquerda, sua direita estará vulnerável; e se pela direita, haverá poucos à esquerda. E quando se prepara em todos os lados, estará fraco em todos eles.

16. Deve-se preparar contra o inimigo aquele que tem poucos homens; e quem tem muitos deve impedir que o inimigo se prepare contra ele.

17. Se o inimigo conhece antecipadamente o local da batalha, suas tropas podem marchar mil *li* e se preparar no campo indicado. Mas, se não conhece o lugar nem o dia certo, a esquerda não poderá apoiar a direita; ou a direita à esquerda; o *front* à retaguarda; e a

retaguarda ao *front*. Isso acontece quer eles estejam próximos ou distantes entre si.[28]

18. Embora eu estime que o adversário tenha muitas tropas, qual o benefício dessa superioridade em relação ao resultado? Assim, digo que a vitória pode ser construída; mesmo que o inimigo seja numeroso, posso impedi-lo de me enfrentar, mediante estes procedimentos:

18.a) Analise os planos de seu adversário e saberá qual a estratégia bem-sucedida ou inviável.

18.b) Agite-o e investigue o padrão de seus movimentos.

18.c) Determine as disposições dele; em seguida, fixe o campo de batalha.

18.d) Sonde-o e saiba onde a sua força é abundante ou deficiente.[29]

19. O ideal é que as tropas não tenham uma disposição determinável, para que nem mesmo o espião mais penetrante consiga espreitar, nem o sábio planejar contra você.

20. Posso posicionar-me para a vitória de acordo com a forma de que me disponho, embora a multidão

---

28. Os habilidosos na guerra precisam saber onde e quando acontecerá uma batalha. Eles medem estradas e fixam a data. Dividem o exército e, em colunas separadas, marcham. Os que estão distantes começam primeiro, os que estão perto, depois. Daí, tropas separadas por enormes distâncias chegarão ao local determinado ao mesmo tempo. É como pessoas se encontrando no mercado na cidade.

29. Disse Chia Lin: "Embora o inimigo seja numeroso, se não souber minha situação militar, sempre posso fazer com que cuide das próprias preparações, de modo que não terá tempo livre para preparar um plano de batalha".

não compreenda isso. Todos até podem ver aspectos externos, mas ninguém entende qual o caminho em que criei o êxito.

21. Quando venço, não repito minhas táticas na próxima batalha, mas respondo às circunstâncias com uma diversidade infinita de modos.

22. Um exército pode assemelhar-se às águas correntes que se desviam das terras altas e rumam em direção às terras baixas, pois pode evitar a força do inimigo e arrasar a sua fraqueza. Tal como a água molda o seu fluxo, de acordo com o tipo de terreno, um exército administra sua vitória conforme a situação do adversário. A água não possui uma forma constante; na guerra, também não há condições constantes.

23. Pode ser chamado de divino quem é capaz de vencer por modificar suas táticas de acordo com a situação inimiga pois, dos cinco elementos, nenhum é sempre predominante; das quatro estações, nenhuma dura para sempre; dos dias, uns são longos e outros curtos, e a lua cresce e míngua.

TEXTO COMPLEMENTAR

1– O TEMOR DESNECESSÁRIO

Tu Mu: Chu-ko Liang acampou em Yang Ping e mandou que Wei Yen e outros generais juntassem forças e rumassem para o leste. Deixou apenas dez mil homens para defender a cidade, enquanto aguardava os relatórios.

Disse Ssu-ma I: “Chu-ko Liang está na cidade; ele não é forte, suas tropas são pequenas. Seus generais e oficiais andam desanimados”.

Nesse momento, como sempre, a vitalidade de Chu-ko Liang estava em alta. Ele ordenou que suas tropas baixassem as flâmulas e silenciassem seus tambores, mas sem permitir que seus homens saíssem. Abriu os quatro portões, varreu e borrifou as ruas.

Suspeitando de uma emboscada, Ssu-ma I apressadamente conduziu seu exército para as montanhas do nordeste. Então, Chu-ko Liang comentou com seu chefe de pessoal: “Ssu-ma I fugiu para a cadeia de montanhas porque pensou que eu tinha preparado uma emboscada para ele”.

Ssu-ma I aprendeu com isso e foi vencido pelo pensar.

Capítulo VII

MANOBRAS ESTRATÉGICAS

1. Quando o exército deve agir, o general recebe as ordens do soberano. A seguir, reúne as tropas e mobiliza as pessoas. Mescla o exército, tornando-o uma entidade harmoniosa, e depois acampa.

2. O que é difícil, na arte das manobras, é fazer com que o desvio seja o mais direto possível, transformando o infortúnio em vantagem.

3. Marche por uma rota indireta e distraia o inimigo, atraindo-o com uma isca. Assim, você pode iniciar sua caminhada depois dele e ainda chegar antes no campo de batalha. Quem assim procede entende a estratégia do direto e indireto. [30]

4. Na guerra, tanto a vantagem quanto o perigo são inerentes às manobras.[31]

---

30. O general que deseja ter uma vantagem, usa um desvio e uma rota distante e faz disso um atalho. Ele transforma o infortúnio em situação vantajosa. Ilude e engana o inimigo, tornando-o demorado e negligente, para, em seguida, impor velocidade à marcha.

31. Somente o habilidoso irá lucrar com isso; se ele não o é, isto será perigoso.

5. O general que coloca todo o exército em movimento à caça de uma vantagem acabará por não obtê-la se abandona o acampamento para lutar por uma posição vantajosa, os suprimentos estarão perdidos.[32]

6. Quando se enrola a armadura e se parte com rapidez, em movimentação diuturna, marchando o dobro do tempo por cem *li*, os três oficiais serão capturados, pois tropas vigorosas chegarão primeiro e as fracas irão demorar-se na retaguarda. Assim, apenas um décimo do exército chegará ao objetivo, se este método for empregado. (Veja texto complementar I)

7. Numa marcha forçada de cinquenta *li*, o oficial do *front* cairá. E ao usar este método, apenas metade do exército chegará ao objetivo. Em marcha forçada de trinta *li*, somente dois terços chegarão. Assim, um exército que carece de equipamentos pesados, forragens, comida e provisões estará perdido.

8. Não podem conduzir a marcha de um exército aqueles que não conhecem as condições de montanhas e florestas, desfiladeiros, pântanos e terrenos perigosos. E os que não usam guias locais são incapazes de obter as vantagens do terreno. (Veja texto complementar II)

9. A guerra baseia-se no logro. Quando for vantajoso, mova-se e promova mudanças na situação, dispersando e concentrando suas forças.

---

32. Se esse mesmo general se move com todos os suprimentos, viajará devagar e não obterá a vantagem. Se deixa a bagagem pesada para trás, apressando-se com as tropas leves, pode temer a perda das bagagens.

10. Tão insondável como as nuvens, mova-se como um raio quando em campanha. Seja rápido como o vento quando em marcha; em repouso, majestoso como a floresta; na invasão e embuste, ardente como o fogo; em reputação, firme como as montanhas.

11. Ao saquear o país vizinho, divida suas forças. Conquistado o território, divida o butim.

12. Em guerra, avalie a situação. Depois, mova-se.

13. O general que conhece a arte da aproximação direta e indireta será vitorioso. Esta é a arte das manobras.

14. Gongos e tambores, bandeiras e flâmulas são usadas para focalizar a atenção das tropas. Quando a tropa consegue manter-se unida: o bravo não poderá avançar sozinho, nem o covarde poderá desistir. Esta é a arte de comandar um exército. (Veja texto complementar III)

15. À noite, use muitas tochas e tambores ao lutar; de dia, muitas bandeiras e flâmulas. Assim, estará influenciando a visão e os ouvidos de suas tropas. (Veja texto complementar IV)

16. Um exército pode ser despojado de seu espírito e seu general, privado de sua coragem.[33]

---

33. Se um exército foi despojado de seu moral, seu general também perderá seu coração. O general exerce o controle por meio do coração. Ordem e confusão, coragem e covardia são qualidades dominadas pelo coração. Daí, o perito no controle do inimigo frustra-o e, então, move-se contra ele, provocando-o, confundindo-o e atormentando-o para deixá-lo temeroso. Assim, despoja-o de seu coração e de sua habilidade de planejar.

17. Ao amanhecer, os espíritos estão afiados; durante o dia, esmorecem e, à noite, os pensamentos volvem-se para o lar.

18. Na guerra, o controle do fator moral reside nisto: quando o espírito do inimigo está aguçado, os habilidosos o evitam; mas o atacam quando está desanimado e seus soldados nostálgicos.

19. Na guerra, o controle do fator mental reside nisto: em boa ordem, os habilidosos esperam o inimigo desorganizado; em serenidade, o clamoroso.

20. Na guerra, o controle do fator mental reside nisto: perto do campo de batalha, os habilidosos esperam um inimigo que vem de longe; em descanso, um inimigo exausto; com tropas bem alimentadas, um inimigo faminto.

21. Na guerra, o controle do fator de circunstâncias variáveis reside nisto: os habilidosos não enfrentam um inimigo que avança com bandeiras bem organizadas nem aqueles cujas formações encontram-se em excelente ordem.

22. A arte de empregar tropas estabelece: quando o inimigo ocupa terreno alto, não enfrentá-lo; quando sua retaguarda repousa nas montanhas, não se opor a ele.

23. Quando o inimigo finge fugir da batalha, não o persiga.

24. Não ataque as tropas de elite do inimigo.

25. Não se deixe enganar por movimentos de tropas inimigas.

26. Não impeça um inimigo de voltar para casa.

27. Para um inimigo cercado, você deve deixar um caminho de fuga. (Veja texto complementar V)

28. Não pressione um inimigo cercado. (Veja, texto complementar VI)

29. Este é o método do emprego de tropas.

TEXTOS COMPLEMENTARES

I– A MARCHA FORÇADA

A realidade do tempo dos Estados guerreiros chineses é esta:

Um exército costuma marchar trinta *li* em um dia, o que é uma etapa. Numa marcha forçada de dupla distância, cobrem-se duas etapas.

Você pode cobrir cem *li* somente se não descansar de dia ou de noite. Se dessa maneira a marcha for guiada, as tropas serão capturadas...

Quando Sun Tzu disse que, por esse método, apenas um em dez chegará, quis explicar que quando, sem outra alternativa, você precisa lutar por uma vantagem, deve escolher o homem mais robusto entre dez para ir à frente, ordenando aos remanescentes que sigam atrás.

Dessa forma, de dez mil homens, você seleciona mil que chegarão ao amanhecer. Os demais chegarão depois, uns no final da manhã, outros no meio da tarde, de modo que nenhum fique exausto e todos se apresentem em sucessão para se juntar aos precedentes.

O som de sua marcha é ininterrupto. Este é um ponto estrategicamente crítico, no combate pela vantagem. Então, mesmo mil serão suficientes para defendê-lo, até que cheguem os outros.

11– UM GRANDE DESAFIO

Se, na direção do exército, tivermos recebido as instruções de tocar uma campanha, rumamos para uma terra desconhecida, longe da influência cultural e sem meios de comunicação, e nos precipitamos em seus desfiladeiros... Este é um verdadeiro desafio!

Se nosso exército é solitário, o inimigo espera vigilante, sendo vastamente diferentes as situações do atacante e do defensor, ainda mais se o adversário se concentra no logro e usa muitos artifícios desnorteadores.

Sem fazer planos, mergulharemos no precipício. Enfrentando os perigos e entrando em lugares perigosos, viveremos a calamidade de sermos pegos ou inundados. Marchando como bêbados, podemos nos ver numa luta inesperada.

À noite, parados, nos preocuparemos com alarmes falsos; se apressados e despreparados, cairemos em armadilhas: um exército de ursos e tigres no vale da morte. Como lutar com as fortificações rebeldes ou varrer o inimigo para fora de sua toca?

Portanto, no país hostil, tudo precisa ser completamente conhecido: montanhas, rios, terras altas e baixas e colinas que ele pode defender como pontos estratégicos; florestas, canaviais, matagais e pastos luxuriantes que servem de esconderijo; as distâncias de estradas e atalhos; o tamanho das cidades e vilarejos, a extensão das vilas; a fertilidade ou aridez dos campos; a profundidade das obras de irrigação; a quantidade de provisões; e o tamanho do exército inimigo e a qualidade das armas.

Assim, teremos às nossas vistas o inimigo que, então, poderá ser facilmente derrotado.

III– A INDECISÃO FUNESTA

A lei militar afirmava: "Serão decapitados aqueles que, quando devem avançar, não o fazem; e aqueles que na retirada não se retiram".

Quando Wu Ch'i lutou contra Ch'in, existia um oficial que não conseguia controlar seu ardor, mesmo antes de a batalha começar. Ele avançou, cortou um par de cabeças e voltou.

Wu Ch'i ordenou que fosse decapitado. O Comissário do Exército o admoestou: "Este é um oficial talentoso, não deveria ter sido decapitado".

Wu Ch'i respondeu: "Creio que o senhor também seja um oficial de talento, mas é desobediente". E, logo após, decapitou seu interlocutor.

IV– A ESTRUTURA DO ACAMPAMENTO

Visualizemos o acampamento citado por Sun Tzu:

Assim como as grandes formações abrangem as pequenas, os grandes acampamentos incluem os pequenos. O exército do *front*, o da retaguarda, o da direita e o da esquerda têm cada um o seu acampamento, em forma de círculo.

Todos os acampamentos circundam os quartéis-generais de cada comandante-chefe, montado no centro. O acampamento assemelha-se à constelação de Pi Lei, tendo seus vários cantos interligados entre si.

A distância entre os acampamentos situa-se entre cinquenta e cem passadas. Estradas e atalhos se juntam para permitir a revista das tropas.

Frente a frente são colocadas as fortificações, de modo que cada uma possa dar assistência às outras com arcos e flechas. Em cada cruzamento de estradas, um pequeno forte é construído; no topo, lenha empilhada; dentro, túneis ocultos.

O acesso a esses fortes é feito por meio de escadas de mão; as sentinelas ficam lá. Depois da escuridão da noite, uma sentinela apaga o farol somente depois de ouvir as batidas do tambor nos quatro cantos do acampamento.

Portanto, se o inimigo ataca à noite, precisa chegar aos portões; mas em todos os lugares há pequenos acampamentos, cada um firmemente defendido e, assim, o adversário não sabe ao certo qual atacar: a leste, oeste, norte ou sul.

No acampamento do comandante-chefe ou nos menores, aqueles que sabem primeiro que o inimigo chegou permitem que entre; então, batem os tambores e todos os acampamentos respondem. Os fogos são acesos em todos os pequenos fortes, alumiando claro como o dia.

Na sequência, oficiais e tropas fecham as portas dos acampamentos, equipam as fortificações e menosprezam o inimigo. Fortes arcos atiram flechas poderosas em todas as direções... A única preocupação é que o inimigo não ataque à noite, pois certamente será derrotado, se o fizer.

V– A PORTA DE RENDIÇÃO

Quando Ts'ao Ts'ao cercou Hu Kuan, ordenou: "Quando a cidade for dominada, os defensores serão enterrados". Por meses e meses a cidade não caiu.

Ts'ao Jen disse: "É essencial mostrar ao sitiado que há um modo de sobreviver. Contudo, como o senhor determinou-lhes que lutem até a morte, todos lutarão para salvar a própria pele. A cidade é forte e tem um estoque pleno de comida. Acampar sob seus muros e atacar rebeldes determinados a lutar até o fim não é um bom plano! Muitos dos nossos oficiais e homens serão feridos se os atacarmos. Se perseverarmos, o embate se delongará por muitos dias".

Ts'ao Ts'ao seguiu o conselho dele e a cidade se rendeu.

VI– A PRESSA PREJUDICIAL

Disse o Príncipe Fu Ch'ai: "Quando cercadas, bestas selvagens lutam desesperadamente. Isso é mais verdadeiro em relação aos homens! Sem alternativa, lutarão até a morte".

Durante o reinado do Imperador Hsüan, de Han, Chao Ch'ung-kuo estava contendo uma revolta da tribo Ch'iang. Vendo o seu grande exército imperial, os homens de Ch'iang largaram a bagagem pesada e foram para o vau do Rio Amarelo.

A estrada cruzava desfiladeiros estreitos e Ch'ung Kuo para lá dirigiu suas tropas despreocupadamente. Alguém comentou: "Estamos buscando uma grande vantagem, mas procedemos lentamente".

Ch'ung-kuo respondeu: "Eles estão desesperados. Não posso pressioná-los. Se eu fizer isto devagar, eles nem olharão para trás; mas se eu pressioná-los, irão voltar-se contra nós para lutar até a morte".

Todos os oficiais concordaram: "Maravilhoso!"

Capítulo VIII

NOVE CIRCUNSTÂNCIAS

1. Geralmente, o sistema de empregar tropas tem início quando o general é nomeado pelo soberano para mobilizar as pessoas e reunir as tropas.

2. São estas as nove variáveis da guerra, ou circunstâncias, que devem ser observadas por aquele que quer ser vitorioso:

2.a) Não se deve acampar em terras baixas.

2.b) Em regiões de fácil comunicação, una-se a seus aliados.

2.c) Não se demore em terreno desolado.

2.d) Em terreno cercado, a desenvoltura é necessária.

2.e) Em terreno de morte, lute.

2.f) Há certas estradas que não se deve seguir.

2.g) Há cidades que não se deve assaltar; terrenos em que não se luta.

Essa orientação de Sun Tzu provavelmente refere-se a um inimigo em posição estratégica, posicionado atrás de muros altos e fossos profundos, detentor de grande provisão de grãos e alimento e que tem por missão deter a todo custo o exército que ataca.

2.h) Há exércitos que não podem ser atacados.[34]

2.i) Há ocasiões de se ignorar os comandos dos soberanos.[35]

3. Um general totalmente versado nas vantagens das nove variáveis da guerra sabe como empregar as tropas.

4. Se não compreende as vantagens das nove variáveis, ou circunstâncias, o general não será capaz de usar vantajosamente o terreno, mesmo estando familiarizado com ele.

5. Aquele que, na direção das operações militares, não compreende as táticas apropriadas às situações das nove variáveis será incapaz de usar efetivamente suas tropas, mesmo que compreenda as "cinco vantagens". (Veja texto complementar I)

6. Em suas deliberações, o general sábio deve considerar tanto os fatores favoráveis quanto os desfavoráveis.

7. Ao levar em conta os fatores favoráveis, o hábil general torna seus planos praticáveis; ao levar em conta os desfavoráveis, pode resolver as dificuldades.

8. Quem intimida seus vizinhos inimigos assim o faz para injuriá-los.

---

34. Não devem ser atacados: tropas colocadas como isca, tropas de elite e um inimigo com formação grandiosa e bem ajustada.

35. Disse o rei Fu Ch'ai: "Quando o general vê o caminho certo, não deve esperar por ordens soberanas; age!"

9. Mantém o inimigo constantemente ocupado, para cansá-lo, e faz com que corra ao oferecer-lhe vantagens ostensivas.

10. É doutrina da guerra não assumir que o inimigo desistirá do embate. O ideal é confiar na própria prontidão, para o caso de enfrentá-lo um dia. Antes de presumir que ele não atacará, pensamento que deve ser descartado, torne-se invencível.

As "Estratégias de Wu" dizem: "O cavalheiro mantém sua espada ao seu lado, mesmo quando o mundo está em paz".

11. No caráter de um general, há cinco características perigosas:

11.a) Se negligente, pode ser morto.

11.b) Se covarde, pode ser capturado.

11.c) Se de temperamento impaciente, pode ser feito de tolo.

11.d) Se tem um delicado senso de honra, pode ser caluniado.

11.e) Se tem natureza compassiva, pode ser molestado.

12. Essas cinco peculiaridades do caráter são falhas sérias em um general e, em operações militares, são calamitosas.

13. A ruína do exército e a morte do general são resultados inevitáveis dessas cinco deficiências acima citadas, as quais precisam ser profundamente ponderadas.

TEXTO COMPLEMENTAR

1– AS CINCO VANTAGENS

As "cinco vantagens" mencionadas por Sun Tzu são as seguintes:

a) Embora possa ser a mais curta, uma determinada estrada não deve ser seguida quando se sabe que é perigosa e há nela a contingência de emboscada.

b) Embora possa ser atacado, um determinado exército não deve ser agredido se está em circunstâncias desesperadoras e há a possibilidade de seus soldados lutarem até a morte.

c) Mesmo isolada e suscetível ao ataque, uma determinada cidade não deve ser atacada, se há a probabilidade de que tenha bons estoques de provisões e se é defendida por tropas firmes, comandadas por um general sábio e que tenha ministros leais e planos insondáveis.

d) Embora isso possa ser contestado, não se deve lutar por um determinado terreno, quando se sabe que, depois de ser dominado, será difícil defendê-lo, ou que sua obtenção não redundará em benefício algum, ou que ainda possivelmente será contra-atacado e sofrerá abalos.

e) Embora devam ser seguidas, as ordens de um soberano não o são, se o general sabe que contêm erros em relação às reais e atuais circunstâncias da guerra em questão.

Estas cinco contingências não podem ser decididas de antemão: devem ser administradas conforme surgem e conforme ditam os fatos no respectivo momento.

Capítulo IX

MARCHAS E TOPOGRAFIA

1. O general que não considerar, cuidadosamente, a ameaça permanente que representa o seu inimigo poderá ser capturado por ele, após ver seu exército derrotado.

2. Sobre estratégias de acampamento, vamos destacar quatro situações vantajosas que precisam ser avaliadas de acordo com as circunstâncias (usando-as, o Imperador Amarelo conseguiu conquistar quatro soberanos, dominando os reinos vizinhos aos seus). Estes métodos são muito vantajosos para o exército e se aproveitam dos recursos do terreno.

2.a) Quanto a tomar posição nas montanhas:

I — Ao confrontar o inimigo, após ter cruzado as montanhas, fique próximo dos vales.

II — Acampe em terreno alto, voltando-se para o lado ensolarado.

III — Se necessário, lute no declive; não suba para atacar ou defender-se.

2.b) Quanto ao que se relaciona a assumir posições próximas a um rio:

I — Depois de cruzar um rio, é preciso afastar-se um pouco dele.

II — Não confronte, na margem de um rio, um inimigo que irá avançar cruzando a água. A vantagem está em permitir que somente metade das forças dele cruze o rio, para, então, derrubá-las antes que se organizem novamente. (Veja texto complementar I)

III — Se deseja batalhar, não confronte seu inimigo perto da água, assumindo posição rio abaixo. Ponha-se em terreno alto, voltando-se para a luz do sol.

2.c) Quanto ao que se relaciona a tomar posição em áreas pantanosas e úmidas, ao nível do solo:

I — Não se demore nos pântanos salgados; cruze-os rapidamente...

II— Se encontrar o inimigo em meio a um pântano salgado, será necessário tomar posição perto de relva e água, tendo árvores na retaguarda.

2.d) Quanto ao que se relaciona a tomar posição em terreno plano, planícies secas e contínuas:

I— Ocupe uma posição que facilite sua movimentação.

II— Com morros à sua retaguarda e à direita, o campo de batalha está à frente; e sua retaguarda a salvo.

3. Um exército geralmente prefere o terreno alto ao baixo; aprecia a luz do sol e não gosta da sombra.

Assim, a saúde é mantida, enquanto as tropas ocupam uma posição firme. Sem doenças epidêmicas entre os soldados, a vitória fica mais próxima.

4. Quando perto de montes, contrafortes, diques e barragens, é preciso que o exército tome posição no lado ensolarado e descanse sua direita e sua retaguarda naqueles.

5. Em áreas onde existem torrentes íngremes, "Fontes Celestes", "Prisões Celestes", "Redes Celestes", "Armadilhas Celestes", "Alçapões Celestes" e "Fendas Celestes", é preciso marchar rapidamente para longe. Não se aproxime desses acidentes geográficos. Mantenho-me a distância deles e arrasto o inimigo em sua direção.[36]

6. Nos flancos do exército, havendo desfiladeiros perigosos ou lagos cobertos por plantas aquáticas, em que as correntezas crescem; ou montanhosas tomadas por florestas com denso emaranhamento de vegetação de solo, é preciso procurar cuidadosamente o inimigo fora daí, porque estas são as posições em se instalam armadilhas e se ocultam os espiões.

7. Se o inimigo está próximo, mas em local baixo, ele depende de uma posição favorável. E quando o

---

36. Em montanhas profundas, águas nervosas são as 'torrentes íngremes'; "Fonte Celeste", um lugar cercado de alturas com terreno baixo no centro; "Prisão Celeste", quando, ao se passar entre montanhas, o terreno assemelha-se a uma gaiola coberta; "Rede Celeste", lugares onde tropas podem ser apanhadas e divididas; "Armadilha Celeste", onde as terras são submersas; "Fenda Celeste", onde os desfiladeiros das montanhas são estreitos e a estrada fica submersa por várias dezenas de centímetros.

desafia de longe para a batalha, deseja, na verdade, seduzi-lo para avançar rumo a uma armadilha, pois, provavelmente, já se encontra em terreno fácil, estando, portanto, em posição vantajosa.

8. Árvores movendo-se indicam que o inimigo está avançando.

9. Encontrando-se muitos obstáculos no matagal, entende-se que os mesmos foram lá colocados com o propósito de enganar.

10. O inimigo está emboscado quando se vê pássaros alçando voo. Quando animais selvagens fogem assustados, ele está tentando pegá-lo desprevenido.

11. A chegada de carros é indicada pela poeira subindo em colunas altas e retas, mas quando se mantém a baixa altura e se espalha, é a infantaria que está chegando.

12. Poeira que se eleva em áreas dispersas mostra que o inimigo está coletando lenha; e quando o exército está acampando, há inúmeros pequenos sinais de poeira, que parecem ir e vir.

13. Se os enviados do inimigo se expressam com humildade, mas ele continua com seus preparativos de guerra, este é um sinal de que avançará. (Veja texto complementar II)

14. Se a mensagem do inimigo é enganosa, mas ele, pretensiosamente, avança, este é um sinal de que irá se retirar.

15. Se os enviados do inimigo se expressam em termos apologéticos, este é um sinal de que ele deseja uma trégua.

16. Se o inimigo pede trégua, sem um acordo prévio, está conspirando.[37]

17. Quando carros leves saem primeiro e tomam posição nos flancos, o inimigo está entrando em formação para a batalha.

18. Se as tropas do inimigo marcham rapidamente e ele usa seus carros de batalha, está esperando com reforços para render-nos.

19. Se metade da força inimiga avança e a outra metade se retira, o adversário está tentando um engodo.

20. Se as tropas inimigas depõem as armas, estão esfomeadas.

21. Se os carregadores de água bebem-na antes de carregá-la para o acampamento inimigo, a tropa está morrendo de sede.

22. Se o inimigo vê uma vantagem, mas não avança para tomá-la, está fatigado.

23. Se pássaros sobrevoam os acampamentos do inimigo, eles estão vazios.

24. Se, à noite, o acampamento do inimigo está rumoroso, ele está com medo.[38]

---

37. Disse Ch'en Hao: "Se alguém lhe pede uma trégua sem razão, é porque seguramente há assuntos correndo perigo em seu país e ele, preocupado, precisa ter uma pausa para fazer um plano. Ou, por outro lado, sabendo que a sua situação, como adversário, é favorável à conspiração dele, deseja evitar que você suspeite disso, pedindo trégua como disfarce de intenções. Assim, imagina atacar tendo total vantagem sobre o seu suposto despreparo".

38. Tropas aterrorizadas e inseguras ficam turbulentas, enquanto esperam o momento de se acalmarem para o descanso noturno.

25. Se as tropas estão desorganizadas, o general não tem prestígio.[39]

26. Se as bandeiras e flâmulas do inimigo se movem constantemente, há desorganização.[40]

27. Se os oficiais inimigos estão mal-humorados, estão exaustos.[41]

28. Se o inimigo fornece grãos aos cavalos e carne a seus homens e se sua tropa nem pendura suas panelas ou retorna a seus abrigos, está desesperado.[42]

29. Se as tropas inimigas se reúnem, continuamente, em pequenos grupos e ficam sussurrando, o general perdeu a confiança do exército.

30. Frequentes premiações mostram que os recursos do general estão no fim; frequentes punições, que se encontra em aflição aguda.

31. Se, de início, os oficiais do inimigo tratam seus homens violentamente e, depois, ficam com medo deles, chegou-se ao limite da indisciplina.

---

39. Os oficiais se desorganizam quando as ordens do general não são rigorosas e seu comportamento é indigno.

40. Tu Um relata: "O duque Chuang, de Lu, derrotou Ch'i, em Chang Sho. Tsao Kuei pediu permissão para persegui-lo. O duque perguntou-lhe por quê. 'Vejo que os sulcos das rodas de seus carros estão confusos e suas bandeiras e flâmulas estão inclinando. Portanto, desejo persegui-lo', respondeu".

41. Todos ficam exaustos quando o general exagera com projetos desnecessários; o espírito dos homens fica deprimido e os oficiais excessivamente irritados quando administração e ordens são inconsistentes.

42. Wang Hsi diz: "Para aumentar sua força e seu poder de resistência, dava-se grãos aos cavalos e os homens comiam carne. Se o exército não tem panelas, não irá alimentar-se novamente. Se as tropas não retornam a seus abrigos, não pensam em seu lar e decidiram partir para uma batalha decisiva".

32. É preciso investigar, completamente, a situação em que as tropas inimigas, mesmo estando com o espírito inflamado, o enfrentam, mas não permanecem em batalha por um longo tempo nem se retiram em definitivo.

33. Os números em si não conferem vantagem na guerra. Não avance confiando no poder militar absoluto.

34. Estimar corretamente a situação do inimigo e concentrar sua força para capturá-lo é suficiente. Nada mais é necessário além disso. O general que não prevê e subestima seu adversário certamente será capturado por ele.

35. Punir tropas antes que sua lealdade seja assegurada as tornarão desobedientes. Se não obedecem, é difícil utilizá-las. Se são leais, mas as punições não são reforçadas, você não poderá utilizá-las.

36. O general deve comandar as tropas com civilidade e impregná-las uniformemente com ardor marcial para que possa dizer que a vitória é certa.

37. As tropas serão obedientes se na instrução forem dadas ordens consistentemente efetivas; e serão desobedientes, se receberem ordens não consistentemente efetivas.

38. O relacionamento de um general com suas tropas é satisfatório quando as ordens são consistentemente confiáveis e observadas.

TEXTOS COMPLEMENTARES

I– A INTERFERÊNCIA SOBERANA

O duque de Sung veio a Hung para enfrentar o exército de Ch'u, durante a primavera e o outono. Antes que as tropas de Ch'u tivessem cruzado completamente o rio, o exército de Sung foi desdobrado.

O Ministro da Guerra comentou: "Nós somos poucos, e o inimigo é numeroso. Peço permissão para atacar antes que tenham completado sua travessia".

O duque de Sung respondeu: "Você não pode". Quando o exército de Ch'u tinha cruzado completamente o rio, mas ainda não tinha completado suas formações, o ministro pediu permissão para atacar. "Ainda não. Quando eles tiverem o exército organizado, atacaremos", respondeu o duque.

O exército de Sung foi derrotado, o duque ferido na coxa e os oficiais do *front* aniquilados.

II– A NEGLIGÊNCIA DESTRUIDORA

O general de Yen, Chi Che, cercou T'ien Tan, que estava defendendo Chi Mo. Empunhando a espada, T'ien Tan lutou junto com as tropas.

Para entreter seus oficiais, mandou suas esposas e concubinas se alistarem nas fileiras e dividirem seu alimento. Também enviou mulheres às muralhas da cidade para pedirem os termos de rendição.

O general de Yen envaideceu-se; T'ien Tan também coletou 24 mil onças de ouro e fez os cidadãos ricos enviarem uma carta ao general de Yen, dizendo: "Estando a cidade efetivamente cercada, nosso único desejo é que você não aprisione nossas esposas e concubinas".

Daí para a frente, o exército de Yen tornou-se extremamente relaxado e negligente. Foi quando T'ien Tan investiu sobre a cidade e infligiu-lhe uma derrota esmagadora.

Capítulo X

CARACTERÍSTICAS DO TERRENO

1. Aqui estão os princípios que se relacionam a seis tipos diferentes de terreno. É a mais alta responsabilidade do general investigá-los com o maior cuidado.

2. De acordo com sua natureza, o terreno pode ser classificado como: acessível, enganoso, indeciso, estreito, íngreme e distante.

2.a) É chamado de acessível o terreno que tanto nós quanto o inimigo podemos atravessar com a mesma facilidade. Em tal solo, pode lutar vantajosamente o primeiro que assume posição ensolarada e elevada, conveniente para suas rotas de suprimentos.

2.b). É chamado de enganoso o terreno do qual é fácil sair, mas difícil retornar. Sua natureza é tal que, caso se faça uma investida contra o inimigo, mas não se vença, de imediato, a batalha, o retorno a esse terreno é difícil. Tal situação não é proveitosa.

2.c) É chamado indeciso o terreno cuja entrada é igualmente desvantajosa para nós e para o inimigo. A natureza desse terreno é tal que, embora o inimigo esteja submetido a um tormento, não sigo adiante, mas o atraio, retirando-me. Depois de colocar em ordem de batalha metade de sua força, posso derrubá-lo vantajosamente.[43]

2.d) Quanto ao chamado terreno estreito, ou comprimido, se sou o primeiro a ocupá-lo, preciso bloquear as passagens e esperar o inimigo. Mas se este, primeiramente, ocupa tal terreno e bloqueia os desfiladeiros, não devo segui-lo; se não os obstruir completamente, posso fazê-lo.

2.e) Em terreno íngreme, preciso tomar posição nas alturas ensolaradas e ficar aguardando o inimigo. Mas se ele ocupar primeiro tal terreno, não o sigo: eu o atraio, retirando-me.[44]

2.f) Se existe uma grande distância em relação à posição de um inimigo de igual força, é difícil provocar a luta e não é proveitoso batalhar na posição escolhida por ele.

3. Se as tropas fogem aflitas, são insubordinadas ou caem na desordem ou debandam, houve falha do general. Esses desastres não podem ser atribuídos a causas naturais.

---

43. Disse Li Ching: "Quando nenhum dos lados tem a vantagem do terreno, deve-se atrair o inimigo ao simular a retirada, esperar até que metade de sua força tenha saído e fazer um ataque de interceptação".

44. A regra de ser o primeiro a ocupar uma posição em terreno elevado se aplica principalmente a lugares difíceis e perigosos, uma vez que essas posições não podem ser dadas ao inimigo.

4. Situação semelhante: se um general lançar sua força contra outra dez vezes maior, teremos como resultado a fuga da mais fraca.

5. O exército é insubordinado quando as tropas são fortes e os oficiais fracos. (Veja texto complementar I)

6. O exército está em perigo quando os oficiais são valentes e as tropas ineficazes.

7. O exército está em colapso quando oficiais superiores estão irritados e insubordinados e, defrontando o inimigo, batalham sem compreender as dimensões da luta e sem esperar as ordens do general.

8. O exército está em desordem quando o general é moralmente fraco e sua disciplina não rigorosa; suas instruções e orientação não são iluminadas; não há regras consistentes para guiar os oficiais e homens; as formações são relaxadas.

9. A derrota é fatal quando um general, incapaz de avaliar a dimensão do inimigo, vale-se de uma força pequena para enfrentar uma maior; ou tropas fracas para lutar com outra forte; ou falha na escolha das tropas de choque para lutar no *front*. (Veja texto complementar II)

10. Para se atrair a derrota, há seis condições básicas:

10.a) Desdenhar o cálculo da força inimiga

10.b) Ausência de autoridade

10.c) Treinamento ineficaz

10.d) Cólera injustificável

10.e) Desrespeito à disciplina

10.f) Incapacidade de utilização dos homens escolhidos.

11. É a mais alta responsabilidade do general o exame cuidadoso dessas seis condições. Quando qualquer uma delas prevalece, o exército, definitivamente, encontra-se na rota do fracasso.

12. A adaptação ao terreno é o principal aliado do exército na batalha. Portanto, são virtudes do general superior: considerar a situação do inimigo, calcular distâncias e o grau de dificuldade do terreno, assim como controlar a vitória. Aquele que luta com total conhecimento desses fatores certamente vencerá; aquele que não o faz, certamente será derrotado.

13. Se a situação é de vitória, mas o soberano ordenou a trégua, o hábil general pode decidir o contrário. Se o soberano ordena a luta, diante de uma situação tal que o general sabe não poder vencer, não precisará acatar essa determinação.

14. Portanto, torna-se joia preciosa do Estado o general que, no avanço, não busca a fama pessoal e, na retirada, não se preocupa em evitar a punição, com o único propósito de proteger os homens e promover o melhor interesse de seu soberano.

15. Um general que considera os homens do exército como seus tutelados, que com ele marcharão para os vales mais profundos, sempre trata a todos como filhos amados, e estes, se necessário, morrerão com o líder. (Veja texto complementar III)

16. Se um general favorece suas tropas, sendo, contudo, incapaz de utilizá-las; se as ama, mas seus comandos não são cumpridos; se é incapaz de controlar as tropas quando desorganizadas, estas podem ser comparadas a crianças malcriadas e são inúteis.[45]

17. Sabendo que minhas tropas são capazes de derrotar o inimigo, mas estando ciente de que ele é vulnerável ao ataque, são de apenas cinquenta por cento as minhas possibilidades de vitória.

18. Sabendo que o inimigo é vulnerável ao ataque, mas não está ciente de que minhas tropas são incapazes de derrotá-lo, são de apenas cinquenta por cento as minhas possibilidades de vitória.

19. Sabendo que o inimigo pode ser atacado e que minhas tropas são capazes de avançar sobre ele, sendo que não percebo a minha desvantagem em relação à configuração do terreno, são de apenas cinquenta por cento as minhas possibilidades de vitória.

20. Os experientes em guerra não cometem erros quando se movimentam; e quando agem, seus recursos são ilimitados.

21. E, portanto, termino esta sessão com este valioso ditado: "Conheça o inimigo; conheça a si mesmo. Assim, sua vitória nunca estará em perigo. Conheça o terreno, conheça o clima. Assim, sua vitória será total".

---

45. Disse Chang Yü: "Se a bondade for a única forma de expressão do general, as tropas passam a agir tal como crianças arrogantes e perdem o seu valor guerreiro... Bons generais são ao mesmo tempo amados e temidos".

TEXTOS COMPLEMENTARES

I– A AUTORIDADE FRAGILIZADA

Sun Tzu refere-se a tropas e oficiais não comissionados, que se tornaram indisciplinados e desequilibrados, e a generais tímidos e fracos.

No início do reinado de Ch'ang Ch'ing, T'ien Pu recebeu o comando em Wei com a finalidade de atacar Wang T'ing-ch'ou. Pu tinha crescido em Wei, onde as pessoas não o respeitavam; foi incapaz de conter os vários milhares de homens cavalgando em burros pelo acampamento.

Depois de permanecer em sua posição por vários meses, desejou batalhar, mas os oficiais e tropas se dispersaram. Desesperado, Pu suicidou-se.

II– AS TROPAS DE ELITE

No período Han, os "Bravos dos Três Rios" eram conhecidos como os "Irmãos em Espada", por seu talento incomum. Em Wu, as tropas de choque eram os "Removedores de Dificuldades"; em Ch'i, "Árbitros do Destino"; em T'ang, "Saltadores e Agitadores".

Esses eram os diversos nomes aplicados às tropas de elite. Nas táticas de vencer batalhas, nada é mais importante do que empregá-las.

Geralmente, quando todas as tropas reunidas estão acampadas, o general escolhe, em cada campo, oficiais valentes e de espírito elevado, notáveis por sua agilidade e força voltada para realizações marciais acima do comum. Esses oficiais são destacados para formar um grupo especial. Um é escolhido entre dez homens.

Na batalha, é essencial que as tropas de elite sejam usadas como ponta de lança de vanguarda, porque isso fortalece nossa própria determinação e afrouxam o vigor do inimigo.

III— O EXEMPLO DO GENERAL

Se o general cuida de seus homens com dignidade, obterá deles a força máxima. O Visconde de Ch'u, por exemplo, proferiu somente uma palavra para que seus soldados se sentissem envoltos por cálidas roupas de seda.

Durante a época dos Estados de guerra, o general Wu Ch'i comia o mesmo alimento e usava as mesmas roupas do soldado mais raso de suas tropas. Não havia esteira em sua cama; não montava seu cavalo na marcha; ele próprio carregava suas rações de reserva. Assim, compartilhava a exaustão e a penosa labuta com suas tropas.

Diz o velho código militar chinês: "O general tem de ser o primeiro nas labutas e fadigas do exército. No calor do verão, não abre seu guarda-sol; no inverno, não usa roupas grossas. Em lugares perigosos, desmonta e caminha. Aguarda até que o poço tenha sido cavado e somente então bebe; só se alimenta depois que a refeição esteja pronta; só se abriga depois que a montagem das fortificações está concluída".

Capítulo XI

TERRITÓRIOS DE LUTA

1. Relativamente ao emprego de tropas, o território pode ser classificado como: dispersivo, fronteiriço, chave, de comunicação, focal, profundo, pesado, cercado e de morte.

1.a) Quando o exército luta em seu próprio território, está em território dispersivo.[46]

1.b) Quando o exército faz apenas uma penetração rasa no território do inimigo, está em território fronteiriço.

1.c) Quando a ocupação é vantajosa, igualmente e para ambos os lados, luta-se no território-chave.

1.d) Quando há equilíbrio de acesso para ambos os lados, a disputa dá-se no território de comunicação.[47]

1.e) Quando um Estado se encontra fechado por três outros Estados, trata-se do território focal. Aquele

46. Nessa situação, oficiais e soldados anseiam retornar a seus lares próximos.

47. Este é o território extenso e nivelado no qual se pode ir e vir, suficiente em extensão para a batalha e para erigir as fortificações de resistência da época.

que primeiro assume o controle dessa área, alcançará o apoio do "tudo-sob-o-céu", ou seja, do império.

1.f) Quando o exército penetrou bastante num Estado hostil, deixando para trás muitas cidades e vilas inimigas, caminha em território profundo.[48]

1.g) Quando o exército cruza montanhas, florestas, escarpas ou marcha em meio a desfiladeiros, pântanos, lamaçais, areais ou qualquer lugar fatigante, está em território difícil.

1.h) Quando o acesso é estreito, o caminho para a saída é tortuoso e onde uma pequena força inimiga pode derrotar uma força maior, marcha-se em território cercado.[49]

2. Quando o exército sobrevive apenas se lutar com a coragem do desespero, está no território de morte.[50]

3. Em território dispersivo, não lute; uniformize a determinação do exército.

4. Em território fronteiriço, não pare; mantenha suas forças compactamente ligadas.[51]

---

48. Esse é um território do qual é difícil retornar. Veja-se a invasão, por terra, do território iraquiano.

49. Nesse território, é fácil colocar armadilhas. Pense-se em combates no interior de cidades inimigas.

50. Nesta situação, bloqueado por montanhas defronte e rios na retaguarda, com provisões exauridas, é vantajoso ao exército agir rapidamente e perigoso procrastinar. Será necessário reunir os últimos recursos e investir com vivacidade e força.

51. Nessa marcha, as várias unidades deverão estar conectadas; nas paradas para descanso, os acampamentos e postos fortificados também estarão conectados.

5. Em território-chave, não ataque o inimigo que o ocupa; acelere os homens de retaguarda.[52]

6. Em território de comunicação, não permita a separação de suas formações; preste muita atenção às suas defesas.

7. Em território focal, alie-se aos Estados vizinhos; fortaleça suas parcerias.

8. Em território profundo, saqueie; assegure um fluxo contínuo de provisões.

9. Em território pesado, avance pelas estradas.

10. Em território cercado, invente estratagemas; bloqueie os pontos de acesso e saída. (Veja, texto complementar I)

11. Em território de morte, lute; torne evidente que não há possibilidade de sobrevivência, pois é da natureza dos soldados resistirem, quando cercados; lutar até morrer, quando não há alternativa e, quando desesperados, a seguir as ordens dadas.

12. O general precisa examinar sempre, com o maior cuidado, as variações táticas apropriadas aos nove tipos de terreno, as vantagens da luta decisiva ou do combate prolongado e os princípios da natureza humana.

13. Antigamente, os descritos como habilidosos na guerra impossibilitavam ao inimigo a união de seu

---

52. Nesta parte, Sun Tzu quer lembrar que, se o inimigo, confiando em números superiores, chega para competir por tal terreno, usará uma grande força para se precipitar contra a sua retaguarda. E numa interpretação paralela, esta instrução de Sun Tzu pode significar: "Pôr-se a caminho depois do inimigo e chegar antes dele".

front com sua retaguarda, evitando que tanto os seus elementos grandes quanto os pequenos mutuamente cooperassem. Impediam também, por esse procedimento, que as boas tropas socorressem as infelizes e que os superiores e subordinados se apoiassem uns aos outros.

14. Se as forças do inimigo estavam dispersas, impediam-no de juntá-las novamente; quando concentradas, colocavam-no em confusão.

15. Quando era vantajoso, as tropas inimigas se concentraram e se moveram; quando não havia vantagem, descansaram.

16. A alguém que me pergunta: "Como lido com uma tropa inimiga bem organizada, pronta a me atacar?", respondo: "Capture algo que lhe seja muito caro e ele se ajustará a seus desejos".

17. Se a velocidade é a essência da guerra, então tire vantagem do despreparo do inimigo; viaje por rotas inesperadas e derrote-o onde ele não tomou nenhuma precaução.

18. Em relação a uma força de invasão, são estes os princípios gerais aplicáveis:

18.a) Torne os planos dos movimentos do seu exército — insondáveis.

18.b) Quando você penetra profundamente em território hostil, seu exército deve estar unido para que o defensor não possa vencê-lo.

18.c) Saqueie regiões férteis para suprir o exército com muitas provisões.

18.d) Esteja atento à alimentação das tropas; não as fatigue desnecessariamente; una-as no espírito; conserve sua força.

18.e) Lance as tropas em uma posição a partir da qual não haja escapatória e, mesmo quando enfrentando a morte, elas não fujam. Se preparados para morrer, os oficiais e soldados tudo podem alcançar, efetivando, juntos, os derradeiros esforços. Em situações desesperadoras, não temem nada; quando não há saída, continuam firmes. Em penetração avançada em território profundo, eles se unem e lá, onde não há alternativa, enfrentarão o inimigo em combate corpo-a-corpo.

19. Tais tropas não precisam de encorajamento para ficar vigilantes. Sem pedir, o general obtém delas o apoio, o seu afeto, a sua confiança; ele as cativa.

20. É bom que os oficiais não tenham nenhum excesso de riqueza, mas não porque desdenhem bens materiais, não tenham expectativas de uma longa vida, nem porque refutem a longevidade.[53]

21. No dia em que o exército receber a ordem definitiva e decisiva para marchar contra o inimigo, as lágrimas daqueles que estão sentados encharcarão suas lapelas; as lágrimas dos reclinados escorrerão por suas faces. Então, lance-os em uma situação em que não haja escapatória e eles exibirão a coragem imortal de Chuan Chu e Ts'ao Kuei.

22. Encorajadas, as tropas dos adeptos da guerra são usadas como "a cobra que responde simultaneamente", do Monte Ch'ang. Tendo a cabeça golpeada, ela ataca com sua cauda; quando a cauda é golpeada, sua cabeça ataca; quando golpeada no centro, cabeça e cauda atacam.

---

53. Oficiais e homens que muito se interessam por bens materiais cuidarão da vida a todo custo, durante as guerras.

23. A alguém que me pergunta: "Podemos tornar as tropas capazes de realizar a coordenação instantânea da 'cobra que responde simultaneamente'?", respondo: "Sim, pois, embora se odeiem mutuamente, os homens de Wu e Yüch, se juntos em um barco tocado pelo vento, cooperariam como a mão direita o faz com a esquerda".

24. Na guerra, não é suficiente confiar em cavalos que mancam ou rodas de carroça emperradas.

25. Mediante o uso adequado do terreno, tanto tropas de choque quanto as flexíveis são empregadas para a melhor vantagem.

26. O objetivo da administração militar é cultivar um nível uniforme de valor. O general deve:

26.a) Ser sereno e inescrutável, imparcial e autocontrolado, por vocação.[54]

26.b). Ser capaz de manter seus oficiais e soldados na ignorância de seus planos.[55]

26.c) Proibir práticas supersticiosas, livrando o exército de dúvidas, pois, até o momento da morte, não pode haver preocupações.

26.d) Mudar seus métodos e alterar seus planos, de modo que as pessoas não tenham conhecimento do que está fazendo.[56]

---

54. Sendo sereno, o general não se irrita; se inescrutável, é impenetrável; se justo, não é inconveniente; se autocontrolado, não se confunde.
55. As tropas podem juntar-se ao general no regozijo da realização, mas não podem fazê-lo no estabelecimento dos planos.
56. Disse Chang Yü: "Cursos de ação previamente seguidos e planos antigos previamente executados precisam ser alterados".

26.e) Alterar os locais de seus acampamentos e marchar por rotas divergentes, impossibilitando aos outros antecipar seu propósito.

26.f) Unir o exército e lançá-lo numa posição desesperada.

26.g) Conduzir o exército, muito adentro, em território hostil e, lá, atacar.

26.h) Na hora da decisão, queimar seus barcos e despedaçar suas panelas; acelerar o exército como se dirigisse um rebanho de carneiros, ora em uma direção, ora em outra, sem que ninguém saiba para onde vai.

26.i) Fixar uma data para a rendição e, depois de as tropas terem se encontrado, cortar sua rota de retirada, como se removesse uma escada debaixo delas.

26.j) Conhecer os planos dos Estados vizinhos, para preparar alianças na hora certa.

26.l) Certificar-se das condições de montanhas, florestas, desfiladeiros perigosos, lamaçais e pântanos. Se falhar em fazer uso de guias nativos, não conseguirá aproveitar as vantagens do terreno nem conduzir a marcha de um exército; se ignorante sobre três assuntos, será incapaz de comandar os exércitos de um rei hegemônico.[57]

27. Quando um rei hegemônico ataca um Estado poderoso, ele o intimida e impede que seus aliados o apoiem, tornando impossível a concentração do inimigo.

---

57. Rei hegemônico significa aquele que não se alia aos senhores feudais. Ele quebra as alianças de terceiros e arrebata a posição de autoridade. Usa o prestígio e a virtude para alcançar os seus fins.

28. Um rei hegemônico não luta contra combinações poderosas nem promove o poder de outros Estados. Ele confia na realização de seus objetivos por sua habilidade de intimidar seus oponentes. E, assim, pode tomar as cidades inimigas e destruir o Estado oponente.[58]

29. Distribua premiações sem respeitar a prática costumeira; divulgue ordens sem respeitar as precedentes. Assim, poderá utilizar o exército inteiro como se o fizesse com apenas um homem.

30. Sem comunicar suas intenções, reparta as tarefas para as tropas, use-as para obter vantagem, sem revelar os perigos envolvidos. Lance as tropas em uma situação perigosa e elas sobreviverão; posicione-as em terreno de morte e elas viverão. Pois, quando colocado em semelhante situação, o exército pode arrebatar a vitória a partir da derrota.

31. O ponto crucial das operações militares refere-se à pretensão de ajustar os próprios interesses às intenções do inimigo.

32. A habilidade de se alcançar um objetivo de maneira engenhosa e astuta está em concentrar as forças contra o inimigo, de forma que de uma distância de mil *li* pode-se matar o general hostil.

58. Sun Tzu quis dizer também que quando alguém não faz acordos para obter a aliança dos vizinhos nem cria planos baseados na conveniência, mas, sim, em objetivos pessoais, confiando apenas em sua força militar para refutar o inimigo, então suas próprias cidades podem ser capturadas e seu próprio Estado destruído.

33. No dia em que é colocada em prática a política de atacar, feche as passagens, rescinda os passaportes, não mais receba os enviados do inimigo e exorte o conselho do templo a executar os planos.

34. Se o inimigo oferecer uma oportunidade, tire vantagem dela rapidamente. Antecipe-o na conquista de algo a que ele dê valor e mova-se conforme a data secretamente marcada.

35. Eis a doutrina da guerra: assimilar a situação do inimigo para decidir na batalha. Portanto, em primeiro lugar, seja tímido como uma donzela. Mas quando o inimigo lhe der uma abertura, seja rápido como uma lebre e esse será incapaz de lhe oferecer resistência.

TEXTO COMPLEMENTAR

1– O EMBATE FINAL

Naquela época era princípio da doutrina militar que uma força cercada precisava deixar uma brecha para mostrar às tropas em desvantagem que havia um caminho de saída, de modo que elas não se pusessem a lutar até a morte.

"Então, tirando vantagem disso, golpeie o inimigo" — pensavam os hábeis generais. — "Mas, sendo eu quem está em terreno cercado e o inimigo cria um caminho para que minhas tropas fiquem tentadas a fugir, eu, como comandante, fecho este meio de escape, de modo que meus oficiais e soldados tenham em mente apenas a intenção de lutar até a morte."

Capítulo XII

RECURSOS PIROTÉCNICOS

1. Na guerra, há cinco métodos de ataque com fogo.[59]

1) Queimar as tropas;

2) Queimar as provisões;

3) Queimar os equipamentos;

4) Queimar o arsenal;

5) Usar projéteis incendiários.

2. Nos planos bélicos, é preciso confiar em alguns meios para usar o fogo. O equipamento para lançar chamas precisa estar sempre à mão.

3. Há tempos convenientes e dias apropriados nos quais se pode lançar fogos.

3.1) Os tempos referem-se àqueles em que o clima está muito quente.

3.2) Os dias referem-se àqueles em que o ciclo lunar se encontra em Sagitário, em Alpharatz, em I ou nas constelações Chen, quando predominam os ventos ascendentes.

---

59. As condições climáticas são determinantes do sucesso de todos os ataques por fogo.

4. Em ataques com fogo, necessário se faz reagir a eventuais mudanças de situação.

5. Se o fogo irrompe no acampamento inimigo, imediatamente coordene sua ação do lado de fora. Mas, se suas tropas permanecerem calmas, é melhor aguardar e não atacar logo.

6. Se o fogo atinge grande altura, siga-o de perto, caso isso seja possível. Se não puder, aguarde.

7. Optando por lançar fogos de fora para dentro do acampamento inimigo, não é preciso esperar o total alastramento do fogo lá dentro. Lance fogos em momentos adequados.

8. Quando fogos são aumentados pelo vento, não ataque o inimigo ocorrendo vento fraco.

9. O vento não soprará à noite se já tiver soprado durante o dia.

10. O exército tem de conhecer as cinco situações diferentes de ataque por fogo e estar em constante vigilância.

11. Os generais que usam o fogo para fortalecer seus ataques são inteligentes; aqueles que se valem de inundações são poderosos.

12. Ainda que isole um inimigo, a água não pode destruir suas provisões ou equipamento.

13. É de mau agouro fracassar na exploração dos benefícios gerados pelas vitórias em batalhas. Isso pode ser descrito como "demora ruinosa".

14. Regentes iluminados deliberam a partir dos planos e bons generais os executam.

15. O general só deve agir se determinada causa realmente for do interesse do Estado. Prevendo seu

insucesso, não use as tropas. Não lute se não estiver de fato em perigo.

16. Um soberano não tem o direito de ordenar a convocação de um exército por estar enfurecido, nem pode lutar apenas por estar ressentido. Um homem encolerizado pode voltar a ser feliz e o ressentido novamente satisfeito; contudo, um Estado não pode ser restabelecido em semelhantes condições nem seus mortos reviverão.

17. O regente iluminado abraça a prudência e o bom general sempre está prevenido contra qualquer tipo de ação precipitada. Assim, o Estado se mantém seguro e o exército preservado.

Capítulo XIII

AGENTES SECRETOS

1. Quando se levanta um exército de cem mil homens para realizar uma campanha distante, os custos decorrentes dessa convocação, juntamente com as despesas do tesouro, alcançarão a quantia diária de mil peças de ouro. Haverá comoção prolongada tanto em casa quanto fora; a estabilidade econômica de setecentos mil lares será afetada e os cidadãos ficarão exaustos ante as exigências de transporte.[60]

2. Entende-se que é completamente destituído de humanidade aquele que confronta seu inimigo por muitos anos para lutar pela vitória numa batalha decisiva. O mesmo se aplica ao que, por invejar posição, honrarias e algumas peças de ouro, permanece ignorante da situação de seu inimigo. Tal homem não é general, não apoia seu soberano, não controla a vitória.

---

60. Antigamente, oito famílias formavam uma comunidade. Quando uma delas enviava um homem para o exército, as outras sete contribuíam para o sustento da primeira. Assim, quando um exército de cem mil era formado, o efeito recaía, no total, sobre setecentos mil lares, os quais deveriam auxiliar aqueles cem mil incapazes de cuidar completamente de sua própria terra e semeadura.

3. A razão do príncipe iluminado e a sabedoria do general hábil conquistam o inimigo sempre que ele se move; as realizações de ambos ultrapassam aquelas do homem comum em previsão.

4. O que é chamado de "previsão" necessariamente precisa ser obtido por meio de homens que conhecem a situação do inimigo. O assunto não pode ser deduzido a partir de espíritos, nem dos deuses, nem por analogia com eventos passados.

5. Os cálculos matemáticos podem comprovar as leis do Universo, mas somente os espiões podem avaliar com precisão a situação do adversário. Não se admite superstições nesse particular.

6. Existem cinco tipos de agentes secretos a serem empregados. Quando todos eles estão trabalhando simultaneamente e nenhum conhece o método de trabalho dos outros, são denominados "A Divina Mistura", passando a representar um tesouro do soberano.

6. Os tipos de agente secreto são:

6.1) Nativo: pessoas do povo do país inimigo, que empregamos.

6.2) Interno: oficiais inimigos que empregamos. (Veja texto complementar I)

6.3) Duplo: espiões inimigos que empregamos.

6.4) Dispensável: nossos próprios espiões aos quais são deliberadamente fornecidas informações fabricadas. (Veja texto complementar II)

6.5) Ativo: aqueles que retornam vivos da missão, com informações.[61]

7. Entre os mais próximos do general, o agente secreto é o mais íntimo; é o que recebe os prêmios mais generosos. Assuntos relacionados a operações secretas é o que de mais confidencial existe no exército.

8. O general que não é sábio, humano e justo não pode usar agentes secretos; se não é delicado e sutil, não pode obter a verdade deles.

9. O assunto é realmente delicado! Verdadeiramente delicado! Não há guerra em que a espionagem não seja usada. Mas se os planos relativos a operações secretas são prematuramente divulgados, o agente e todos aqueles para os quais ele os contou serão condenados à morte.[62]

10. Geralmente, no caso de exércitos que você deseja derrotar, é preciso instruir seus agentes para descobrir, nos mínimos detalhes, informações como: cidades que vale a pena atacar, pessoas que deseja assassinar, nomes do corpo de oficiais, do líder da guar-

---

61. Homens espertos, talentosos e sábios são capazes de contatar inimigos que são íntimos do soberano e membros da nobreza. Assim, observam os movimentos do inimigo e aprendem com suas ações e planos. Depois, voltam e nos contam tudo. Agentes ativos são pessoas que podem ir e vir e fazer relatórios. Devem ser homens inteligentes, mas que pareçam estúpidos; pareçam ser fracos, mas sejam fortes de coração, ágeis, vigorosos, robustos e corajosos; bem versados em assuntos corriqueiros e capazes de suportar a fome, o frio, a sujeira e a humilhação.

62. Nesse caso, os agentes podem ser mortos para que suas bocas sejam caladas, impedindo que o inimigo ouça os segredos de guerra.

nição, dos porteiros, dos guardiães do portão e dos guarda-costas, etc. (Veja texto complementar III)

11. Procurar agentes inimigos que vieram espioná-lo e suborná-los para que o sirvam é essencial. Dê-lhes instruções e cuide deles. Assim, são recrutados e usados os agentes duplos. É por meio deles, os duplos, que os agentes nativos e os internos podem ser recrutados e empregados. E é também por esses meios que o agente dispensável, armado de falsa informação, pode ser enviado para transferi-la ao inimigo; e que os agentes ativos podem ser usados em tempos apropriados.[63]

12. As atividades dos cinco tipos de agentes precisam ser do total conhecimento dos soberanos, pois é por esse instrumento que as informações imprescindíveis sobre o inimigo podem ser conhecidas. E como tais notícias chegam, em primeira instância, pela boca dos agentes duplos, é obrigatório, portanto, que eles sejam tratados com a maior liberalidade.

13. Nos tempos antigos, a promoção de Yin deveu-se a I Chih, que anteriormente serviu a Hsia; Chou chegou ao poder por intermédio de Lu Yu, um servo de Yin.

5I Chih foi ministro de Hsia, que passou para o lado de Yin. Lu Wang foi um ministro de Yin, que passou para o lado de Chou.

---

63. O agente duplo conhece os camponeses ambiciosos, bem como os oficiais relapsos, os quais podem ser tentados a trabalhar para você. Ele sabe em que aspectos o inimigo pode ser enganado, permitindo que, numa segunda etapa, os agentes dispensáveis sejam apropriadamente enviados com falsas informações.

14. Somente o soberano iluminado e o general valoroso, que são capazes de usar as pessoas mais inteligentes como agentes, têm certeza de que vão alcançar grandes coisas. (Veja texto complementar IV)

15. Operações secretas são essenciais na guerra; é sobre essas que repousa a confiança do exército em cada um de seus movimentos.

TEXTOS COMPLEMENTARES

I – A INFORMAÇÃO NA FONTE

Assim você pode ver os bastidores do exército no tempo das dinastias chinesas:

Há homens valorosos, entre a classe dos oficiais, que foram injustamente privados do alto oficialato; outros que foram punidos por terem errado; bajuladores e favoritos, que cobiçam riquezas; aqueles que não obtiveram posições responsáveis.

Temos ainda aqueles que apenas desejam tirar vantagem dos tempos de desgraça, aumentando as suas próprias habilidades; aqueles de "duas caras", cambiáveis e enganadores, que vivem em cima do muro e outros tipos.

Você pode secretamente perguntar a tais indivíduos sobre seu bem-estar, premiá-los generosamente com ouro e seda e, assim, torná-los fiéis a você.

Então, tenha certeza de que eles buscarão os fatos reais da situação em seu país e delatarão eventuais planos dirigidos contra você, além de poder criar rupturas entre o soberano e seus ministros, de modo que não haja harmonia entre eles.

11– A BOLA DE CERA

Em certas ocasiões, os generais permitem que seus agentes tenham conhecimento de informação falsa. Se, operando em território inimigo, tais agentes forem aprisionados, eles certamente relatarão esta mentira.

Assim, o inimigo acreditará na notícia e irá preparar-se convenientemente. Mas certamente nossas ações serão diferentes, e por isso o inimigo matará esses espiões.

Certa vez, numa das dinastias chinesas, o chefe de pessoal Ts'ao perdoou um homem condenado. Fez com que engolisse uma bola de cera e o mandou para Tangut, disfarçado de monge.

Quando o falso religioso lá chegou, foi aprisionado. Relatou a seus captores sobre a bola ingerida e logo a evacuou numa privada. Quando a bola foi aberta, os tanguts encontraram uma carta transmitida pelo chefe Ts'ao ao diretor de planejamento estratégico de Tangut.

O general dos bárbaros ficou furioso, condenou seu ministro à morte e também executou o monge espião. Entretanto, agentes dispensáveis não se restringem a um único uso.

Algumas vezes, pode-se enviar emissários ao inimigo para fazer um acordo de paz e, em seguida, faz-se o ataque inesperado.

III– AS QUALIDADES HUMANAS

Para fazer uma guerra ofensiva, você deve conhecer os homens empregados pelo inimigo. Se são sábios ou estúpidos; espertos ou grosseiros. Verificadas tais qualidades, prepare medidas adequadas.

Quando o rei de Han ordenou que Han Hsin, Ts'ao Ts'ao e Kuan Ying atacassem Wei Pau, perguntou: "Quem é o comandante-chefe de Wei?" E obteve a informação: "Po Chih".

Disse o rei: "Sua boca ainda tem cheiro do leite da mãe. Ele não pode se igualar a Han Hsin. Quem é o oficial da cavalaria?" Responderam: "Feng Ching".

Comentou o rei: "Ele é filho do General Feng Wuche, de Ch'in. Embora valoroso, não se iguala a Kuan Ying. E quem é o oficial da infantaria?" A resposta foi: "Hsiang T'o".

Desdenhou o rei: "Ele não é páreo para Ts'ao Ts'ao. Nada tenho com que me preocupar".

IV– O DISCÍPULO DE SUN TZU

Pouco mais de cem anos se passaram após a morte de Sun Tzu, que foi sepultado numa grande tumba, fora do Portão de Wu, de Wu Hsieh, a uma distância de dez *li*.

Nesse tempo, surgiu Sun Pin, que nasceu entre O e Chuan e era descendente de Sun Tzu. Ele e P'ang Chüan estudaram teoria militar juntos. P'ang Chüan serviu ao Estado de Wei e obteve a posição de general do Rei Hui. Percebeu que sua habilidade não era igual à de Sun Pin e, secretamente, enviou um mensageiro para chamá-lo.

Quando Pin chegou, P'ang Chüan, temendo que a qualidade do outro fosse maior, sentiu ciúmes e armou-lhe uma cilada, de modo que os pés de Sun Pin foram cortados e sua face marcada a ferro.* Depois disso, manteve-se escondido onde não pudesse ser visto.

Um embaixador de Ch'i veio a Ta Liang, capital do Estado de Wu. Sun Pin, que era tido por criminoso, encontrou-o secretamente e conversaram. O embaixador de Ch'i considerou-o uma pessoa extraordinária e o levou, em segredo, de volta para Ch'i.

T'ien Chi, o comandante supremo de Ch'i, gostou dele e tratou-o como um convidado.

T'ien Chi frequentemente apostava em cavalos de corrida com os Príncipes de Ch'i. Sun Pin notou que as equipes de cavalos não tinham grandes diferenças. Os cavalos eram de três classes: primeira, segunda e terceira. Observando isso, Sun Pin disse para T'ien Chi: "Faça uma aposta nesta competição; seu servo pode fazê-lo ganhar".

T'ien Chi acreditou nele e apostou, com o Rei e os Príncipes, mil peças de ouro nas corridas. Quando estava a ponto de casar a aposta, Sun Pin disse: "Emparelhe seu terceiro cavalo contra o primeiro dele, seu melhor contra o segundo dele, e seu segundo melhor contra o mais fraco dele".

As três competições foram completadas e, mesmo que T'ien Chi não houvesse ganhado a primeira

* N.T.: Havia cinco tipos de punição por mutilação — (1) marcar a face; (2) cortar o nariz; (3) cortar os pés; (4) castração; (5) morte.

corrida, ele vencera as outras duas e ganhara mil peças de ouro do rei. Em seguida, T'ien Chi apresentou Pin ao Rei Wei, que com ele discutiu assuntos militares e fez dele um chefe militar.

Mais tarde, quando o Estado de Wei atacou Chao, Chao pediu urgentemente ajuda a Ch'i. O rei Wei desejou fazer de Sun Pin o comandante supremo. Sun Pin recusou, agradecendo e disse: "Como eu fui, anteriormente, condenado, isto pode não ser apropriado". T'ien Chi, então, foi feito comandante supremo e Sun Pin tornou-se seu chefe de pessoal.

Sun Pin, viajando em um vagão de bagagem, fez seus planos. T'ien Chi desejou conduzir o exército ao Estado de Chao. Sun Pin disse: "Aquele que deseja desvendar o confuso e o emaranhado não pega a meada inteira. Do mesmo modo, não se anula um combate agarrando-se a alabarda. Golpeia-se uma saliência ou um ponto desprotegido. Então, quando o antagonista estiver num beco sem saída, a situação se resolverá sozinha. Agora Wei e Chao atacam um ao outro. As tropas de assalto e as ligeiras estão em campo e, certamente, estão exaustas; em casa, os velhos e fracos estão cansados. Nada melhor que marchar velozmente sobre Ta Liang, tomando as rotas e estradas principais, e atacar a capital enquanto está desprotegida. Então Wei terá que parar de lutar com Chao para se salvar. Assim, de uma tacada só, podemos devolver a honra a Chao e colher o fruto da derrota de Wei".

T'ien Chi seguiu o conselho e o resultado foi que o exército de Wei abandonou Han Tai, e comprometeuse com Ch'i em Kuei Ling, onde as tropas de Wei foram completamente derrotadas.

Quinze anos depois, Wei aliou-se a Chao e atacou Han. Han urgentemente pediu ajuda a Ch'i. O rei de Ch'i ordenou a T'ien Chi que marchasse diretamente sobre Ta Liang.

O comandante supremo de Wei, P'ang Chuan, ao saber disso, deixou Han e retornou a seu próprio país. O exército de Ch'i já havia cruzado a fronteira e marchava para o oeste.

Sun Pin disse a T'ien Chi: "As tropas dos três Estados Chin (Han, Wei e Chao) são normalmente ferozes, corajosas e desprezam Ch'i. Consideram Ch'i covarde. O lutador hábil levará em conta esta circunstância e planejará sua estratégia, aproveitando-se disto. Segundo *A Arte da Guerra*, de Sun Tzu, se o exército avança para obter uma vantagem de uma distância de cem *li*, o oficial que lidera o *front* será capturado; se for de cinquenta *li*, só metade das tropas alcançará o ponto crítico.

Então, ordenou que, quando o exército de Ch'i cruzasse as fronteiras e chegasse a Wei, deveria acender, na primeira noite, cem mil fogueiras. Na segunda, cinquenta mil e na terceira, trinta mil.

P'ang Chüan marchou por três dias e, muito contente, disse: "Eu sempre tive certeza de que as tropas de Ch'i eram covardes. Estiveram em meu país por apenas três dias e mais da metade de seus soldados e oficiais desertou".

Deixou, então, para trás seus carros e sua infantaria pesada e, com tropas de choque levemente armadas, seguiu em marcha forçada. Sun Pin calculou que P'ang Chüan poderia chegar em Ma Ling ao entardecer. A estrada de Ma Ling é estreita e, dos dois lados, tem desfiladeiros e gargantas onde tropas podem ser colocadas em emboscada.

Sun Pin tirou a casca de uma grande árvore e em seu caule escreveu: "P'ang Chüan morreu debaixo dessa árvore". Posto isto, colocou os mais hábeis arqueiros do exército com dez mil arcos nos dois lados da estrada em emboscada, e ordenou que, à noite, quando vissem fogo, atirassem em direção a ele.

P'ang Chüan realmente chegou naquela noite e, quando viu que havia algo escrito na árvore, acendeu uma tocha para ler o que estava escrito. Antes que terminasse de ler, os dez mil arqueiros de Ch'i descarregaram suas flechas, simultaneamente, e o exército de Wei ficou numa confusão extrema.

P'ang Chuan, em sua agonia, percebeu que suas tropas seriam derrotadas. Cortou sua garganta e, enquanto expirava, disse: "Assim contribuí para a fama desse miserável!" Sun Pin, tirando vantagem desta vitória, destruiu completamente o exército de Wei e capturou o herdeiro presumível, Shen, voltando para Ch'i.

Por causa disso, a reputação de Sun Pin, um autêntico discípulo de Sun Tzu, espalhou-se pelas gerações.

ALGUMAS CONSIDERAÇÕES SOBRE A ARTE DA GUERRA

Sun Tzu, chamado também por Sun Zi ou Sun Wu, foi um estrategista militar chinês oriundo do Estado de Chi, por volta do século V a.C, período este denominado *Chun Qiu*, a "Era de Ouro", em que se iniciava um processo de unificação do Império da antiga China, pois se tratava apenas de pequenos estados divididos em inúmeros principados.

Ao escrever *A Arte da Guerra*, um dos mais interessantes tratados sobre táticas de guerra e estratégias militares, Sun Tzu atraiu a atenção do rei Ho Lu de Wu, o qual se interessou por esses ensinamentos e, curiosamente, pediu a ele que primeiramente testasse a eficiência desse método com suas concubinas. Após 180 mulheres terem sido trazidas ao palácio, serem separadas em grupos que representavam frentes de batalhas e terem recebido ordens às quais respondiam com gargalhadas, ele, com refinada perspicácia, foi esmerando-as para que realizassem tudo que lhes era solicitado, da mesma forma que o fez quando esteve à frente dos exércitos que comandou, cujas conquistas são inspiração para todos os estrategistas posteriores a ele.

Contemporâneo do célebre filósofo Confúcio, sua literatura foi instrumento de preparação de outras personalidades como o primeiro presidente da República Popular da China, Mao Tsé-Tung, assim como de Napoleão I. Essas influências também puderam ser notadas no íntimo da cultura chinesa, a qual presenciou um crescimento do número de classes sociais educadas que ascenderam ao poder no governo e no comércio, devido à premissa de Sun Tzu que preza a sabedoria de seus guerreiros em predileção à força deles como requisito para combater, instituindo uma característica que será sempre peculiar ao país.

O general chinês insiste no fato de que a guerra não possui um fim em si mesma, mas que seu objetivo principal deve ser sempre a vitória. Ele conseguiu transpor paradigmas, tais como a filosofia chinesa e as incertezas da tradução, pois *A Arte da Guerra* começou a ser introduzida na Europa em 1782, quando um jesuíta francês que morava na china, Joseph Amiot, adquiriu uma cópia e fez uma tradução que continha muitas informações que não foram verdadeiramente redigidas por Sun Tzu como se veio a saber depois. Mas a pri-

meira tradução para o inglês só veio a ser publicada mesmo em 1905, em Tokyo, e depois dessa surgiu outra em Londres que, apesar de ter sanado alguns erros anteriores, cometeu alguns novos. Todos esses trajetos que o texto percorreu o impediu de ter o impacto concreto e factual dos textos modernos, legando a ele um tom poético ou de fábulas, mas se nos empenharmos nessa leitura encontraremos respostas aos nossos próprios conflitos, ou maneiras de como solucionar as problemáticas ocasionadas por aqueles com quem nos confrontamos.

A vitória para Sun Tzu representa uma dicotomia entre a guerra e a paz. Às vezes, a primeira faz-se necessária, assim como a perfeita paz é algo impossível dentre as sociedades humanas. É por isso que, à medida que o conflito deve ser evitado, devemos aprimorar a força, as habilidades, a capacidade de análise da situação e a eficácia na auto-organização, ou seja, "subjugar o inimigo sem lutar". É nesse sentido que a disciplina auxilia a discernir entre a percepção e o julgamento, deixando uma lacuna para que uma inteligência natural se manifeste em um mundo de possibilidades que é comum a todos.

É interessante notar que alguns conceitos clássicos como o "*si vis pacen parabellun*" (dos romanos) "se queres a paz, prepare-se para a guerra", coaduna-se perfeitamente com as ideias de Sun Tzu.

Suas máximas são aplicáveis a qualquer campo em que a vitória seja fundamental. Seja nas empresas, nos campos de batalhas ou nas lutas do dia-a-dia.

Muitas das derrotas, mortes de civis e destruição teriam sido evitadas com o uso de *A Arte da Guerra*.

"Lutar e ganhar todas as batalhas não é a suprema glória, a glória suprema é quebrar o inimigo sem lutar."

Nos últimos dias vimos uma guerra que se preocupou mais em demonstrar o "poderio" do que em evitar o conflito. A vitória poderia ter sido assegurada de formas muito mais seguras e menos traumáticas para todos os envolvidos.

Resultou em um país lançado no caos político-administrativo, destruição de sua cultura e recursos naturais, perda de identidade. Sem falar de abalar, com um único golpe, a ordem mundial.

O mundo retornando ao período anterior à primeira grande guerra, e a possibilidade da volta do colonialismo. Sem falar na ampliação da distância entre ricos e pobres, criando mais injustiças sociais que, consequentemente, acarretaram novos descontentes e, talvez, mais terroristas.

Este mesmo império conseguiu derrotar outro valendo-se da tática de Sun Tzu de frustrar os planos do inimigo. Sem guerra, sem batalhas, com amplo uso de espiões e acordos comerciais. A produtividade e a mobilidade foram fatores preponderantes. Os antigos aliados do império vencido tornaram-se parceiros do império vencedor.

A mobilidade é uma das grandes armas do exército para Sun Tzu, e a história nos brinda com exemplos fantásticos. Um recente foi a marcha Anglo-Americana na guerra do Iraque, em que vários focos de resistência foram deixados para trás na marcha célere por Bagda. Não foi a primeira vez que isso foi feito. Na segunda grande guerra os alemães usaram a *blitzkrieg*, ou guerra relâmpago, na qual paraquedistas, tanques e tropas transportadas por blindados surpreenderam os exércitos europeus. Uma revolução, tendo em vista que as tropas alemãs em tempo ínfimo conquistaram países como Holanda, França e Polônia. A França era uma das potências militares da época. Ela havia construído uma longa linha de defesa separando-a da Alemanha. A linha Maginot, composta de fortes, canhões, fossos, trincheiras, muros e arame farpado. Tudo muito sólido e consequentemente imóvel, o que se demonstrou crucial para a Alemanha ganhar a batalha.

Os alemães, de forma similar ao que Anibal, o general cartaginês, havia feito contra Roma, circundaram as defesas francesas e quando eles menos esperavam tinham as tropas alemãs rumo a Paris.

Desta forma, o exército alemão, chefiado por Von Rundstedt e as divisões Panzer de Heinz Guderian, conquistou a França e empurrou as tropas inglesas rumo ao mar.

Curiosamente, a ruína alemã veio de um erro já narrado por Sun Tzu: "Se sitiarmos uma cidade, exauriremos nossas forças", as armas se tornarão pesadas e não haverá entusiasmo". As legiões nazistas cometeram o mesmo erro de Napoleão ao atacar a Rússia, e o resultado na frente oriental foi decisivo para o fim do Terceiro Reich.

De acordo com Sun Tzu, fazer uso da topografia e de acidentes do terreno é uma das chaves para a vitória. "No que concerne aos desfiladeiros, se o ocuparmos primeiro, devemos esperar o inimigo." Leônidas, o célebre general espartano, conseguiu, à frente de 300 soldados, deter o avanço do exército de Xerxes, composto de um milhão de homens, por um bom tempo. Dessa batalha veio a corajosa frase do general espartano. Os persas disseram que lançariam tantas flechas que obscureceriam o sol; prontamente, Leônidas respondeu: "Então lutaremos à sombra".

As técnicas de Sun Tzu não tiveram somente no campo de batalha a sua comprovação; nas "guerras mercadológicas", travadas entre as grandes corporações, *A Arte da Guerra* fez história. O fenômeno Microsoft é um excelente exemplo. Aproveitando as lacunas do mercado, respondendo rapidamente aos estímulos, o maior império empresarial da atualidade foi erigido.

No Brasil, podemos pensar no grupo Pão de Açúcar, que, mesmo competindo com a maior rede de supermercados do mundo, conseguiu ser líder novamente.

A guerra foi racionalizada, os pontos de abastecimento foram equacionados, a logística e a reengenharia, palavras-chave.

Infelizmente, a estratégia também pode ser utilizada por grupos criminosos; um bom exemplo é o Comando Vermelho, no Rio de Janeiro. Eles aprenderam as técnicas na época da guerra fria, quando os presos políticos foram colocados ao lado dos presos comuns.

As ações do Comando Vermelho denotam um profundo conhecimento das táticas de guerrilha. O que é consolador, por outro lado, é o fato de sua força estar depositada na desigualdade social. Ora, se melhores condições chegarem ao morro, acompanhadas de justiça social, será o fim do Comando Vermelho e de organizações similares.

A Arte da Guerra é um livro eterno, talvez por falar das bases onde se assentam a organização humana e, consequentemente, as suas disputas, nas quais a guerra é a apoteose.

Terminamos este livro com a máxima latina: "Se queres a paz, prepare-se para a guerra".

Wagner Veneziani Costa

Leitura Recomendada

Dominando a Arte da Guerra

Comentários sobre o clássico de Sun Tzu

Liu Ji e Zhuge Liang — Coordenação de Thomas Cleary

A China, uma das civilizações mais antigas da Terra, já se preocupava com a luta da humanidade pela sobrevivência. Os filósofos chineses estudavam estratégias para enfrentar as constantes mudanças sociais que traziam instabilidade, manifestadas em conflitos de classes, intranqüilidade social e, finalmente, em agressão armada.

Bushido

O Código do Samurai

Daidoji Yuzan

O código de ética e de conduta dos samurais era o Bushido, tradução de *bushi* "guerreiro" e *do* "código". Nesse livro, são abordadas as diversas formas de enfrentar (e saber qual o estado de espírito ideal para vencer) as batalhas do cotidiano. Uma leitura que pode muito bem ser adaptada para o campo de batalha das empresas, dos executivos e homens de negócio. Por sua vez, é também uma leitura interessante para os estudiosos do zen budismo e orientalismo, e, claro, para militares, pois afinal é a eles que esta obra se destina.

A Arte do Kendô e Kenjitsu

A Alma do Samurai

Darrell Max Craig

Esse livro trata do nível avançado das habilidades do kendô, incluindo equipamento, exercícios, wazas e os últimos três katas da All Japan Kendo Federation (Federação de Kendô do Japão), que utiliza a espada curta (wakizashi). O autor incluiu, também, um glossário de termos japoneses utilizados no kendô, para melhor compreensão do assunto.

Livro dos 5 Anéis, O

O Clássico Guia de Estratégia

Miyamoto Musashi

Escrito no século XVII, esse livro continua sendo referência para os homens de negócio e de marketing do Japão. Agora publicado também no Ocidente, é considerado um dos melhores guias psicológicos de estratégia, excelente para profissionais que precisam impor sua marca, por meio de campanhas e táticas de vendas, no competitivo mercado de trabalho atual.

Leitura Recomendada

Segredos dos Samurais

As Artes Marciais do Japão Feudal

Adele Westbrook e Oscar Ratti

Segredos dos Samurais é um estudo definitivo das artes marciais do Japão feudal — conhecidas como bujutsu —, que explica em detalhes as armas, as técnicas, as estratégias e os princípios de combate que fizeram dos japoneses guerreiros formidáveis.

É um trabalho importante para todos os lutadores de artes marciais e estudantes de cultura japonesa em geral.

Lições de Tai Ji Jian com Espada

W. W. Lee

Lições de Tai Ji Jian é uma obra que mostrará ao leitor as práticas de 32 exercícios, utilizando a espada. Essa série de movimentos tem por objetivo trazer benefícios para a saúde.

O leitor terá, em mãos, um manual para práticas individuais ou coletivas. Dançar, dirigir, brandir, perfurar, golpear e tocar são alguns dos movimentos que serão passados pelo autor nessa obra.

Aikidô e a Esfera Dinâmica

Adele Westbrook e Oscar Ratti

Sua essência está, parcialmente, no estilo sofisticado e, particularmente, em suas motivações intrínsecas. *Aikidô e a Esfera Dinâmica* — uma introdução ilustrada com mais de 1.200 figuras — fornece um guia completo para a prática dessa distinta e eficaz arte, como método de autodefesa que pode ser usado contra qualquer modo de ataque e, em seus níveis mais altos, uma disciplina de coordenação, uma "forma" de harmonizar todos os poderes humanos vitais.

Krishna e a Arte de Liderar, por Sathya Sai Baba

Dr. M. L. Chibber

Esse livro foi escrito especialmente para apresentar aos jovens, os líderes de amanhã, algumas das verdades fundamentais sobre liderança, assim como seu lado prático. E, acima de tudo, para convencê-los de que a liderança é uma capacidade que pode ser adquirida e melhorada por qualquer pessoa que esteja preparada para fazer um esforço de transformar seu caráter para melhor.

Leitura Recomendada

DALAI LAMA
Sua Vida, seu Povo e sua Visão
Gill Farrer-Halls

Essa é uma obra diferenciada em virtude de sua apresentação gráfica toda colorida e rica em imagens e, especialmente, por seu conteúdo, que traz um estudo detalhado da vida do décimo quarto Dalai Lama tibetano, Tenzin Gyatso, bem como seu povo e sua visão. A vida do Dalai Lama aqui apresentada mostra-nos dois mundos muito diferentes: o quase medieval, o Antigo Tibete, de sua infância, isolado e infundido com religião; e o mundo moderno de sua vida atual.

O CAMINHO DO GUERREIRO
O Oráculo da Jornada da Vida
Lucas Estrella Schultz

O Guerreiro segue em sua jornada enquanto suas experiências, narradas à maneira de um mestre ao seu discípulo, oferecem-nos a orientação e o suporte necessários aos desafios da vida. Toda manhã, abra aleatoriamente o livro, escolha uma das trinta e seis lições e descubra a mensagem que o Guerreiro traz para o seu dia.

JOGOS E TÉCNICAS VIVENCIAIS NAS EMPRESAS
Guia Prático de Dinâmica de Grupo
Marise Jalowitzki

Esse livro vem dividir com o público a vasta experiência da autora na consultoria organizacional em dinâmica de grupo, jogos e técnicas vivenciais nas empresas. O que ela propõe é um método bastante simples que envolve a prática de jogos e a utilização do trabalho vivencial de uma forma despojada, eficiente e efetiva.

MAQUIAVEL — DA ARTE DA GUERRA
Teoria Geral de Estratégia
Nicolau Maquiavel

Para Maquiavel, a Arte da Guerra deve ser sempre exercitada, tanto com ações como mentalmente, para que o Estado esteja sempre preparado para uma emergência inesperada e, também, para que seus soldados o estimem e possam ser de confiança.

MADRAS® Editora

CADASTRO/MALA DIRETA

Envie este cadastro preenchido e passará a receber informações dos nossos lançamentos, nas áreas que determinar.

Nome ______________________________

RG ______________ CPF ______________

Endereço Residencial ______________________________

Bairro ____________ Cidade ____________ Estado ____

CEP ____________ Fone ______________

E-mail ______________________________

Sexo ❑ Fem. ❑ Masc. Nascimento ______________

Profissão ____________ Escolaridade (Nível/Curso) ________

Você compra livros:

❑ livrarias ❑ feiras ❑ telefone ❑ Sedex livro (reembolso postal mais rápido)

❑ outros: ______________________________

Quais os tipos de literatura que você lê:

❑ Jurídicos	❑ Pedagogia	❑ Business	❑ Romances/espíritas
❑ Esoterismo	❑ Psicologia	❑ Saúde	❑ Espíritas/doutrinas
❑ Bruxaria	❑ Autoajuda	❑ Maçonaria	❑ Outros:

Qual a sua opinião a respeito dessa obra? ______________________________

____

Indique amigos que gostariam de receber MALA DIRETA:

Nome ______________________________

Endereço Residencial ______________________________

Bairro ____________ Cidade ____________ CEP ________

Nome do livro adquirido: *Arte da Guerra*

Para receber catálogos, lista de preços e outras informações, escreva para:

MADRAS EDITORA LTDA.

Rua Paulo Gonçalves, 88 — Santana — 02403-020 — São Paulo/SP

Caixa Postal 12299 — CEP 02013-970 — SP

Tel.: (11) 2281-5555 — Fax.:(11) 2959-3090

www.madras.com.br

Este livro foi composto em Times New Roman, corpo 13/15.
Papel Offset 75g –
Impressão e Acabamento
Neo Graf Ind Gráfica e Editora
Rua João Ranieri, 742 – Bonsucesso – Guarulhos
CEP 07177-120 – Tel/Fax: 3333-2474